Bilder des griechischen Theaters

Richard Green
Eric Handley

Bilder des griechischen Theaters

Aus dem Englischen übersetzt von Christian Rochow

Mit 81 Abbildungen

Philipp Reclam jun. Stuttgart

Titel der englischen Originalausgabe:

Richard Green / Eric Handley: Images of the Greek Theatre.
London: British Museum Press, 1995.

Frontispiz: Orestes sucht Zuflucht in Delphi,
um 350–340 v. Chr. (siehe Abbildung 24)

Die Deutsche Bibliothek – CIP-Einheitsaufnahme

Bilder des griechischen Theaters / Richard Green ; Eric Handley.
Aus dem Engl. übers. von Christian Rochow. –
Stuttgart : Reclam, 1999
Einheitssacht.: Images of the Greek theatre ⟨dt.⟩
ISBN 3-15-010453-X

Inhalt

Doch verzeiht, ihr Teuren,
Dem schwunglos seichten Geiste, der's gewagt,
Auf dies unwürdige Gerüst zu bringen
Solch großen Vorwurf. Diese Hahnengrube,
Faßt sie die Ebnen Frankreichs? Stopft man wohl
Für dieses O von Holz die Helme nur,
Wovor bei Azincourt die Luft erbebt?

Shakespeare, *König Heinrich der Fünfte*,
Prolog (übers. von A. W. Schlegel)

Danksagung

Mit Freude denken wir an die großzügige Unterstützung zurück, die uns Institutionen in Form von Zuschüssen und gastlicher Aufnahme bei der Vorarbeit zu diesem Buch gewährten, und an die vielen hilfreichen Ratschläge von Freunden und Kollegen. Unser Dank gilt dem Australian Research Council und der Universität Sydney; dem National Humanities Center, North Carolina, und seinem Direktor Professor W. Robert Connor sowie dem Master und den Fellows des Trinity College in Cambridge. Trotz aller Möglichkeiten, die die moderne Kommunikationstechnologie zu bieten hat (unsere gesammelten Faxe zu diesem Buch machen ein Vielfaches seines Umfangs aus), ist die Gelegenheit, zeitweilig – 1992 im National Humanities Center und 1993 in Trinity College – unter demselben Dach zu weilen, unschätzbar. Hinsichtlich der Beschaffung von Photographien zu unserem Text sind wir Carolyn Jones, Joanna Champness und den Mitarbeitern der British Museum Press sowie Dr. D. J. R. Williams und seinen Kollegen von der Abteilung für griechische und römische Altertümer des Britischen Museums, das die meisten der abgebildeten Objekte betreut, zu großem Dank verpflichtet, auch weiteren Abteilungen des Museums und anderen Verantwortlichen im In- und Ausland, die uns Illustrationen zur Verfügung stellten oder ihren Abdruck genehmigten. Für ihre Hilfe beim Lesen der Korrekturbögen danken wir Professor P. E. Easterling und Dr. Neil Hopkinson, ohne ihnen damit die Verantwortung für etwaige verbliebene Fehler anzulasten. Für Hilfestellungen der einen oder anderen Art sind wir Sir John Boardman, Professor Lilly Kahil, Dr. D. Peppas-Delmousou, Dr. Robert Robson und Herrn R. W. Sword dankbar verpflichtet. Nicht unerwähnt bleiben darf der tiefgreifende Einfluß, den T. B. L. Webster und A. D. Trendall als Lehrer und als Menschen seit vielen Jahren auf uns und unsere Arbeit ausüben.

J. R. G.
E. W. H.

I

Zuschauen, Zuhören

Das griechische Wort *theatron* bezeichnet den Schauplatz, einen Ort, wo man sich versammelt, um etwas zu sehen. Das Wort ist in die modernen Sprachen eingegangen und lebt nicht zuletzt auch im Neugriechischen fort. Es verdeutlicht, wie stark die dramatischen Traditionen unserer eigenen Welt in der Antike verwurzelt sind und vielleicht auch, wie lebendig diese Vergangenheit immer noch ist. Der Entwurf für das Londoner National Theatre ist zum Teil von einem Bauwerk inspiriert, das vor über 2000 Jahren errichtet wurde, nämlich von dem Theaterbau im griechischen Epidauros. Schon 1981 wurde in dem noch ganz neuen Londoner Gebäude die *Orestie* des Aischylos aufgeführt und dann vom Fernsehen übertragen. In unzähligen Ländern werden auch heute noch Werke des altgriechischen Theaters inszeniert; in allen europäischen Literaturen gibt es Dramen, die auf dieses Theater, seine Formen und Mythen zurückgreifen. Ständig erscheinen neue Übersetzungen, aber auch einige ältere sind nach wie vor beliebt. Und auch dieses Buch ist nur eines von vielen, die sich – unter ganz verschiedenen Zielsetzungen – mit dem antiken Theater und seinen Dramatikern beschäftigen.

Man sollte dabei jedoch nicht vergessen, daß in den langen Jahrhunderten zwischen dem Ende des Altertums und dem Beginn der Neuzeit das griechische Theater lediglich als Literatur – als Texte von etwa vierzig Stücken von nur vier Autoren – überlebte. Diese Texte wurden immer noch gelesen und abgeschrieben, obwohl es keine Inszenierungen mehr gab und die Theater verlassen und zerstört oder anderen Nutzungen zugeführt worden waren. Angesichts dieser Tatsache drängen sich die Fragen auf, wie diese Texte wieder zu dramatischem Leben erweckt werden konnten und ob wir hoffen können, diese Werke jemals so wahrzunehmen, wie das Publikum, für das sie ursprünglich geschrieben und aufgeführt wurden. Da die antike Aufführungsgeschichte selbst fast ein ganzes Jahrtausend umfaßt, ergibt sich auch die Frage, wie sich die Inszenierungen über einen so langen Zeitraum veränderten. Dieses Buch versucht, Antworten auf diese Fragen zu geben.

Die Archäologie legt Theaterbauten frei; die Altertumswissenschaftler interpretieren die vorhandenen Überreste. So lassen sich Vorstellungen von den physischen Dimensionen der Aufführungen gewinnen, über das räumliche Verhältnis zwischen Schauspielern und Publikum. Erkennbar werden Entwicklungen der baulichen Entwürfe, mit denen die Architekten und ihre Auftraggeber dafür sorgen wollten, daß immer mehr Menschen in einer beeindruckenden Umgebung möglichst bequem die Darbietungen sehen und hören konnten. Obwohl die Theater auch für andere Zwecke benutzt wurden, waren sie doch in erster Linie Gebäude für einen besonderen Anlaß, die Feste, zu denen dramatische Aufführungen veranstaltet wurden. Daß es sich um »besondere Anlässe« handelte, muß betont werden, weil damit ein wichtiger Unterschied zwischen dem antiken und dem modernen Theater benannt ist, auf den wir noch zurückkommen müssen: Die Feste, zu denen Theaterstücke aufgeführt wurden, waren keine bloßen Unterhaltungsveranstaltungen, sondern wichtige Ereignisse im öffentlichen und religiösen Leben der Stadt. Man konnte nicht, etwa gar nach Lektüre von Kritiken, entscheiden, welche Aufführung man anschauen wollte. Noch weniger war es möglich, in den heimischen Wänden zu beliebiger Zeit nach heutiger Fernsehgewohnheit Stücke oder Folgen aus ihnen sich vorstellen zu lassen.

Die Dramatiker hatten bei der Verfertigung ihrer Stücke den besonderen, festlichen Anlaß im Blick. Zuweilen verraten die Texte, wie sich die Dramatiker die Ausfüllung des Raumes durch Bewegung und Schauspiel vorstellten, doch ließen sich die visuellen Umstände der Bühnenvorstellung sehr leicht allein durch Worte vor das geistige Auge des Publikums bringen, weil die antiken Theatervorstellungen unter freiem Himmel und demzufolge ohne besondere Beleuchtungseffekte stattfanden und weil das gesprochene Wort in der griechischen Kultur eine unvergleichlich große Macht besaß. So beginnt der *Oidipus auf Kolonos* des Sophokles mit der Frage: »Du liebes Kind des blinden alten Manns, Antigone, wo sind wir?« Welcher Ort wird ihn, den Bettler Oidipus, aufnehmen? Antigone, die ihren blinden Vater führt, beschreibt, was sie sieht, und vermittelt damit dem Publikum, was es sich vorstellen soll. Die gesprochenen Worte, das Erscheinungsbild und die Gesten der beiden Akteure sorgen dafür, daß das Publikum sie in ihren Rollen als Oidipus und Antigone akzeptiert, ebenso wie es, gleich dem blinden Oidipus, die verbal entworfene Szenerie akzeptiert, die Stadtmauern in der Ferne, den mit Lorbeer, Olivenbäumen und Weinranken geschmückten heiligen Hain, in dem Nachtigallen schlagen.

Das Verhältnis zwischen vernommenem Text und geschautem Bühnenvorgang wird in den folgenden Kapiteln immer wieder zum Thema werden. Die bildlichen Zeugnisse aus der Antike, welche in Beziehung zum Theater stehen, sind ihrer Art, Zeit und Herkunft nach ungeheuer vielfältig. Auf bemalter Töpferware, die hauptsächlich im 5. Jahrhundert in Athen und im 4. Jahrhundert im griechisch besiedelten Süditalien entstand, finden sich Darstellungen von Szenen, von Schauspielern und von Masken, jenen unverzichtbaren Requisiten des altgriechischen Theaters. Daneben gibt es Terrakottastatuetten, Mosaiken, Metallarbeiten, Skulpturen und Gemmen. Wir möchten eine Vorstellung von all diesen Dingen in ihrer Vielfalt vermitteln und zeigen, was sie über die unterschiedlichen Einstellungen verraten, die ihre Besitzer mit dem Theater verbanden. Hier kommen weitere Gesichtspunkte in unsere Untersuchung hinein. Wie es uns möglich ist, das Verhältnis zwischen den Texten und der szenischen Präsentation zu untersuchen, so können wir auch das Verhältnis zwischen letzterer und ihren – näher oder ferner auf tatsäch-

lich gesehenen Aufführungen beruhenden – Darstellungen in diesem oder jenem Medium erforschen. Freilich werden diejenigen, denen an einer wortwörtlichen Illustration gelegen ist, enttäuscht sein, daß die antiken Künstler
und Kunsthandwerker sich nicht als Dokumentaristen verstanden. Obwohl
sie durchaus lebensvolle Beobachtungen festhalten konnten, lag es nicht in
ihrer Absicht, bildliche Hilfsmittel für die Handbücher oder Vorlesungen
kommender Zeiten bereitzustellen. Mit der gebotenen Vorsicht können wir
sie heute zweifellos verwenden, um unsere bildliche Vorstellung vom antiken
Theater zu erweitern, doch wenn wir uns darauf beschränken, geraten wir in
die Gefahr, diese Zeugnisse mißzuverstehen und einen Teil ihrer Botschaft zu
übersehen. Sie verraten uns mehr, als es Szenenphotos je könnten; sie zeigen
uns das griechische Drama mit den Augen von Menschen, die dessen klassische Momente und seine Traditionen am Leben erhielten und ihnen in der
Gesellschaft ihrer jeweiligen Zeit einen bestimmten Platz gaben. In den Antikensammlungen überall auf der Welt finden sich Objekte, die mit den hier
vorgestellten vergleichbar sind. Dem aufgeschlossenen Betrachter vermitteln
sie ein vertieftes Vorstellungsbild des griechischen Theaters und seiner Traditionen, wie es sonst nur aus der genauen Lektüre eines bedeutenden Dramatikers gewonnen werden kann.

Wir wollen hier Material für die Entfaltung eines solchen Vorstellungsbildes bieten. Grob geschätzt besitzt das Britische Museum ungefähr 350 Objekte, die im Zusammenhang mit dem griechischen Theater stehen. Viele
davon sind für sich genommen bedeutende Kunstwerke. Wir haben etwa
sechzig ausgewählt, die wir für besonders interessant halten, und bringen zusätzlich einige Abbildungen von Schlüsselobjekten aus anderen Sammlungen
sowie von Theaterbauten, um unsere Erzählung anschaulich zu illustrieren.
All diese Zeugnisse sowie die Informationen und Argumente, die unser Text
enthält, sind häufig Gegenstand wissenschaftlichen Nachdenkens geworden,
und dieser Prozeß wird sich fortsetzen. Wir haben diese Erkenntnisse häufig
verkürzt und vereinfacht darstellen müssen, allerdings – so hoffen wir – ohne
sie zu verfälschen. Sicher wird mancher Interessierte das eine oder andere seiner Lieblingsobjekte vermissen, aber hoffentlich auch Freude daran haben,
die hier getroffene Auswahl mit den zahlreichen Stücken in anderen Büchern
und Sammlungen zu verbinden, die sich zum Vergleich anbieten. Man setzt
sich, nach Pindar, weniger der Schelte aus, wenn man viele zusammenhängende Themen kurz anspricht. Wir hoffen, indem wir diese kleine Schrift
vorlegen, daß er sich nicht geirrt hat, obwohl wir, die Verfasser, derzeit an einer Untersuchung arbeiten, die den hier kurz behandelten Gegenstand umfassender darstellen wird.

II

Lied, Tanz und Drama

Schon beim Blick auf das Personenverzeichnis eines altgriechischen Theaterstücks entdeckt man, daß es neben den individuellen Rollen für Schauspieler eine Personengruppe gibt (sie kann aus zwölf, 15 oder 24 Menschen bestehen), die als »Chor« bezeichnet wird und moderne Regisseure vor besondere Schwierigkeiten stellt. Bei Aischylos, zu Beginn des 5. Jahrhunderts, herrschte er noch vor; bei Menander, der gegen Ende des 4. Jahrhunderts seine Komödien schrieb, ist seine Bedeutung fast auf nichts reduziert. Jedoch wurde der Chor niemals gänzlich aufgegeben, und Aristoteles, dessen Theorie des Dramas (von Einzelfragen abgesehen) immer noch Bestand hat, erklärt, daß Tragödie und Komödie ihren Ursprung in verschiedenen Formen chorischer Vorführungen gehabt hätten.

Ein Chor, in dem hier einschlägigen Sinne, bezeichnet eine Gruppe von Personen, die singen und tanzen. In der bildenden Kunst finden sich Darstellungen von Chören schon in Zeiten, aus denen noch keine Texte überliefert sind, die uns verraten würden, was gesungen wurde. Solche Chöre können aus normal aussehenden Menschen bestehen; manchmal jedoch wird deutlich, daß die Personen trotz ihres grundsätzlich menschlichen Aussehens keine Menschen bedeuten sollen. Sie können übermenschliche Wesen oder Tiere repräsentieren, es können aber auch Elemente von Gott, Mensch und Tier kombiniert werden, die wir heute in unserem analytischen Denken strikt auseinanderhalten. Vielleicht liegt ein Keim des uns bekannten Dramas dann erkennbar vor, wenn sich Menschen verkleiden, um jemanden oder etwas anderes darzustellen, als sie sind, aber ein einfaches Rollenspiel (wie sehr wir das von Kindheit an auch genießen) reicht freilich nicht aus, um ein Drama zu ergeben. Für Aristoteles war das »Fundament und gewissermaßen die Seele« der Tragödie der Mythos, das heißt die Handlung (*Poetik* 1450a,38 f.; übers. von Manfred Fuhrmann), und daraus ließe sich ableiten, daß das Drama dort beginnt, wo der Chor den entscheidenden Schritt tut, eine Rolle nicht bloß anzunehmen, sondern sie zu agieren. Eine weitere Stufe ist erreicht, wenn verschiedene Gruppen dieses Chors einander antworten und wenn schließlich ein Chorführer und damit der individuelle Schauspieler aus der Gruppe heraustritt. Es muß also, nach dieser Theorie, eine Geschichte geben, damit ein Drama entstehen kann; es muß etwas geschehen, was von den Personen handelnd dargestellt und nicht nur erzählt wird, auch wenn diese Unterscheidung, wie wir noch sehen werden, durchaus nicht leicht zu treffen ist.

Es braucht kaum betont zu werden, daß, so verführerisch diese Rekonstruktion auch ist, sie weit über das hinausgeht, was sich dokumentarisch jemals nachweisen lassen wird. Vorführungen mit erkennbaren dramatischen Elementen lassen sich zwar schon viel früher belegen, doch wenn wir einen Zeitpunkt innerhalb des griechischen Altertums angeben wollen, zu dem sich jenes Protodrama zum Drama ausgestaltete, so verweisen uns viele übereinstimmende Hinweise auf das 6. Jahrhundert v. Chr., und zwar, genauer noch, auf dessen zweite Hälfte.

Das Gefäß auf Abb. 1 diente der Aufbewahrung von Wein; es wurde in Korinth im ersten Viertel des 6. Jahrhunderts geschaffen. Dargestellt ist die Rückkehr des Hephaistos. Zugrunde liegt die Geschichte, daß der lahme Gott Hephaistos, der große Handwerker unter den Unsterblichen, seiner Mutter Hera einst den Streich spielte, ihr einen Thron anzufertigen, der sie derart einengte, daß nur er selbst sie daraus wieder befreien konnte. Um die gefangene Göttermutter zu erlösen, mußte Dionysos den Schmiedegott finden und seinen Widerstand brechen. Er suchte ihn auf, machte ihn betrunken und führte ihn so wieder nach Hause zurück. Auf dem Gefäß sehen wir Hephaistos auf einem Maultier, wie er von Dionysos und einigen Gefährten begleitet wird. Die zwei Figuren ganz rechts zeigen Gebärden, die wir mit solchen Tän-

1 Die Rückkehr des Hephaistos, Korinth, frühes 6. Jh. v. Chr.

zern assoziieren. Einer von ihnen hält ein Trinkhorn, während eine der Figuren ganz links mit Weinschlauch und Kanne versehen ist. Dieses Sujet blieb auch in der Folge für Vasenmaler und andere Künstler attraktiv; vielleicht leitet sich auch die Eingangsszene der *Frösche* des Aristophanes (405 v. Chr.), die Dionysos, seinen Sklaven Xanthias und einen Esel auf die Bühne bringt, davon her. Zuvor wurde sie schon in einer lyrischen Erzählung Pindars sowie in einer Komödie *Die Zecher oder Hephaistos* von Epicharmos, einem der ersten Komödiendichter, literarisch behandelt. Wann genau diese Werke entstanden, ist unbekannt; ein möglicher Kontext wären die siebziger Jahre des 5. Jahrhunderts. Damals war Hieron von Syrakus, der Auftraggeber beider Dichter, verletzt worden und mußte wie vor Troja der versehrte Philoktet in die Schlacht getragen werden, worauf Pindar in einem anderen Gedicht anspielt (*Pythische Oden* 1,50).

Ein derartiges Bild kann viele Formen und Bedeutungen annehmen; uns interessiert hier und in der Folge, was der Künstler gesehen haben mag. Zumindest läßt die Präsenz tanzender Figuren den Rückschluß auf eine traditionelle Gesang- und Tanzdarbietung zu, die (von ihrer Entstehung an oder ab einem späteren Zeitpunkt) in einen spezifischen Kontext eingebunden war, etwa in eine Beschwörungszeremonie oder in ein Fest. Bestenfalls könnte die Malerei aber auch auf eine dramatische Verkörperung der Geschichte hinweisen, deren Schlüsselszene die Darstellung festhält. Um diese Frage entscheiden zu können, fehlt uns jedoch der Kontext. Die Verbindung von Tänzern mit einer narrativen Szene ist zwar selten, aber nicht unbekannt. Die Darstellung von Tänzern findet sich nicht nur in Korinth, sondern beispielsweise auch in Böotien, in Sparta und im östlichen Griechenland. In Attika scheint es eine lokale Tradition gegeben zu haben, wenn auch die Schale Abb. **2** stilistisch unter korinthischem Einfluß steht. Es ist denkbar, daß sich die Kostümierung und das Auftreten verschiedener Gruppen von Sängern und Tänzern voneinander unterschied, auf jeden Fall werden sie von den Vasenmalern verschieden dargestellt. Manchmal erscheinen sie als individualisierte Fruchtbarkeitsgeister mit sprechenden Eigennamen wie »Beuger« oder »Spaßmacher«: Der Unterschied zu normalen Menschen kann etwa dadurch betont werden, daß die Tänzer nackt sind und ein wildes Aussehen haben, daß sie vorn und hinten etwas plump oder auch entschieden phallisch wirken; zuweilen tanzen sie auch mit nackten oder bekleideten weiblichen Figuren. In dieser Hinsicht ähneln sie weitgehend den Satyrn und anderen wilden Männern, die mit Nymphen oder Mänaden tanzen und auch in späteren Versionen der Heimholungsgeschichte figurieren. Die Tänzer werden aber auch als Schauspieler dargestellt: Ausgestopfte Kostüme drücken Beleibtheit aus; Männer schlüpfen in Frauenrollen. Das ausgestopfte Kostüm ist erkennbar der Urahn der Kostüme der komischen Schauspieler der klassischen und nachklassischen Zeit, denen wir uns später (S. 58 ff.) zuwenden wollen.

Die kostümierten Tänzer repräsentieren also eine Form der chorischen Vorführung, die Keime des Dramas in sich trägt. Auf die verwandten Satyr-rollen kommen wir im folgenden Kapitel zu sprechen. Die Abb. 3 und 4 stellen noch andere Varianten von Festlichkeit und Chor vor Augen, die es zu berücksichtigen gilt. Die Vogeltänzer (Abb. 3) schmücken eine Oinochoë, die in den ersten zwanzig Jahren des 5. Jahrhunderts entstand. Im Jahre 486 v. Chr. wurde die Komödie in Athen offiziell als Teil der Großen Dionysien anerkannt. Eine Reihe von Schauspieltiteln sowie einige Fragmente von Stücken aus diesem Zeitraum beweisen, daß die Chöre nicht nur Vögel, sondern auch Säugetiere, Insekten und andere natürliche Lebewesen darstellen konnten. Wir werden sehen (S. 49 ff.), daß Aristophanes sich dieser Tradition bewußt war; das hier vorgestellte Gefäß verrät, wie ein solcher Chor kostümiert war. Wie weit die Aufführungen von Komödien über den Zeitpunkt 486 v. Chr. hinaus in die Vergangenheit zurückreichten, ist nicht bekannt; Aristoteles vermutete eine beträchtliche Zeitspanne (*Poetik* 1449b,1 f.), und in der Tat findet sich auf Gefäßen die Darstellung derartiger Chöre ab der Mitte des 6. Jahrhunderts in kontinuierlicher Folge.

Abb. 4 zeigt zwei Szenen, auf denen die Chortänzer von einem Flöten-spieler begleitet werden. Die eine Seite des Kraters (der etwa 460/450 v. Chr.

2 *In Attika existierte eine eigenständige lokale Tradition des Tanzes*

entstand) zeigt Männer, deren Kostümierung mit rauhen Lendenschurzen und mit Masken, die Ziegenhörner tragen, auf das Gefolge des Pan deutet. Diese Szene läßt sich dem Chor des klassischen Satyrspiels in Abb. **5** gegenüberstellen. Zwar ist nicht bekannt, was jener Chor sang, wichtig für uns aber ist, daß es sich um einen verkleideten Chor handelt, der also nicht sich selbst, sondern etwas anderes verkörpert: Vielleicht handelt es sich um eine Variante eines dramatischen Satyrchors, vielleicht aber auch um den Überrest einer prä- oder protodramatischen Tanzform. Auf der anderen Seite des Kraters ist ein Chor von Frauen dargestellt. Der Vasenmaler läßt es – zumindest für das moderne Auge – offen, ob die tanzenden Figuren Frauen sein sollen oder Männer in Frauenrollen; es könnte sich sowohl um einen von Männern gespielten Tragödienchor als auch um singende und tanzende Mädchen handeln. Es ist unklar, ob oder wie die beiden anderen Darstellungen auf der Wandung des Kraters mit jenen Chorszenen in einem Zusammenhang stehen. Oberhalb des Satyrchors sehen wir, wie die Götter unter Vorsitz des Zeus (ganz links) der neu geschaffenen Pandora Geschenke präsentieren; diese Szene hat möglicherweise ein dramatisches Gegenstück in einem verlorenen Satyrspiel des Sophokles, das den Titel *Pandora* trug. Unterhalb des Frauenchors finden wir eine Gruppe von Satyrn, gruppiert um eine Mänade. Auffällig sind das Kind mit dem Reifen und die beiden Huckepackreiter. Ob diese Szene eine spezifische Bedeutung hatte, wissen wir nicht.

Es gibt vielerlei Anknüpfungspunkte, von denen her sich das Drama aus dem Chorgesang entwickeln konnte – fast so viele, wie es Liedgattungen gab. Denn in allen Gattungen, vom Preislied bis zur Klage, lassen sich Elemente von Rollenspiel oder Erzählung entdecken. Bei der Erläuterung der Ursprünge von Tragödie und Komödie in seiner *Poetik* (1449a,9–14) macht Aristoteles für die Weiterentwicklung des Chorführers zum rollenverkörpernden Schauspieler zwei Chorformen namhaft, die beide eine (ursprüngliche oder später hergestellte) besondere Beziehung zum Kult des Dionysos hatten. Hinsichtlich der Tragödie dachte er an den Dithyrambos, eine Form, die neben den Entwicklungen, die sie beflügelte, auch für sich selbst eine ökologische Nische fand: Sie wurde zu einer kunstvollen lyrischen Gattung für phantastische Erzählungen und den Ausdruck pathetischer Gefühle, weshalb man auch heute noch hochtrabende Formulierungen etwas abfällig als »dithyrambisch« bezeichnet. (Was Dithyrambos zur Zeit des Aristoteles bedeutete, läßt sich aus Abb. 12 erahnen.) Hinsichtlich der Komödie dachte er an bestimmte alte Fruchtbarkeitsrituale, die vielerorts in Griechenland als eine alte Tradition existierten; Aristoteles bezeichnete sie mit dem Ausdruck *ta phallika*. Wird Aristoteles dabei an ein Ritual gedacht haben, wie es Aristophanes in den *Acharnern* (237–279) szenisch vorführt? »Stille Andacht, stille Andacht! / Tritt mit dem Opferkorb da vor, und du / Halt mir den Phallos aufrecht, Xanthias! / [...] Und nun, allmächt'ger Dionysos, / Laß dir gefallen unsern frommen Gang / Um den Altar und dies Familienopfer; / Laß mich mein Dionysosfest in Ruh' / Hier auf dem Land begehn, erlöst vom Krieg, / Und segne mir den dreißigjähr'gen Frieden! / [...] Ihr folgt / Dem Mädchen mit dem Körbchen auf dem Fuß; / Ich singe hinterdrein das Phalloslied; / [...].« (Übers. von Ludwig Seeger) Wieweit Aristoteles mit seinen

Überlegungen recht hatte, ist seit jeher umstritten. Das eigentliche Wunder, wie sich Gesang und Tanz in etwas verwandelte, das dann so rasch zu den Werken des Aischylos, Sophokles, Euripides und Aristophanes sowie ihrer vielen modernen Nachfolger führte, wird auf immer in Dunkel gehüllt bleiben.

III

Das Satyrspiel

Abb. 5 ist die Nachzeichnung der Hauptszene von einem jetzt in Neapel befindlichen Gefäß, das sich auf das Ende des 5. Jahrhunderts v. Chr. datieren
läßt. Es zeigt die Schauspieler eines Satyrspiels, die sich in einem Heiligtum
des Dionysos versammelt haben. Von allen dramatischen Gattungen Griechenlands haben wir über das Satyrspiel die ungenaueste Vorstellung, nicht
zuletzt deshalb, weil wir erst etwas von ihm erfahren, als es schon seine erste
Blütezeit hinter sich hatte. Im wesentlichen scheint es sich um eine sehr pri-
mitive Form gehandelt zu haben, die sich um einen Chor von Männern auf-
baute, die Satyrn verkörperten, jene wilden Gefolgsleute des Dionysos mit ihren Pferdeschwänzen und -ohren, den Stupsnasen und struppigen Haaren.
Der Chor wurde von einem alten Satyr angeführt, dem *papposilenos*, der ab
der Zeit des Sophokles ein eng anliegendes, den ganzen Körper bedeckendes
Kostüm mit weißen Wolltroddeln trug. Es gab dann auch eine begrenzte Anzahl von Schauspielerrollen, die in der Regel Götter oder Heroen darstellten.

Was die Stücke anlangt, so behandelten sie, unserer schmalen Kenntnis zufolge, wenige Themen, bei denen der Satyrchor in zugleich ängstlicher und aggressiver, zügelloser und fügsamer Weise als Gruppe handelte – als Jäger, Krieger, Entdecker des Weins oder Hüter von Kindern. Oft scheinen die Satyrn in »karnevalesker« Art den Status Quo durchbrochen und die normale Ordnung der Dinge auf den Kopf gestellt zu haben, die erst am Ende des Stücks wieder in ihr Recht eingesetzt wurde. Die Satyrn hatten Humor und Entspannung zu bringen; zu der Zeit, in der sich die Nachrichten über das Satyrspiel mehren, wurde es bei den Festen als viertes Stück nach einer Reihe von drei Tragödien gespielt. 467 v. Chr. wurden die *Sieben gegen Theben* des Aischylos als dritter Teil einer Trilogie gespielt, deren erste, verlorene Teile *Laios* und *Oidipus* behandelten: Die Trilogie hatte also eine Abfolge von drei Generationen einer Familie zum Thema. Darauf folgte als viertes Stück das Satyrspiel *Die Sphinx*, die Geschichte des Ungeheuers, dessen Macht Oidipus bezwang, als er das ihm vorgelegte Rätsel löste. Eine derartige thematische Übereinstimmung war aber keine unabdingbare Forderung: 438 v. Chr., als Euripides in seiner Produktion den gefeierten *Telephos* vorführte (s. S. 36), waren zusammenhängende Trilogien durchaus unüblich, und die *Alkestis* konnte als viertes Stück anstelle eines Satyrspiels gegeben werden.

5 *Der Chor und die Schauspieler eines klassischen Satyrspiels*

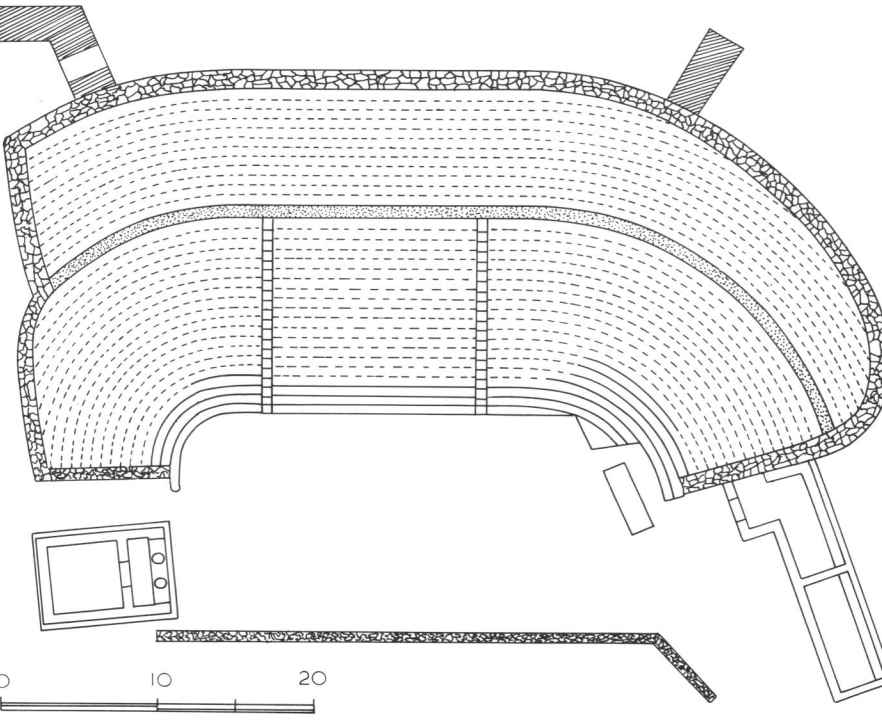

6–7 _Thorikos, ein Theater aus der Zeit vor 500 v. Chr. (s. S. 35)_

Abb. 5 vermittelt uns einen guten Eindruck, wie ein Satyrspiel am Ende des 5. Jahrhunderts aussah. Die Chordarsteller, das gilt auch für die anderen Gattungen, sind im vorgerückten jugendlichen Alter. Wir haben hier offenbar eine Darstellung der individuellen Schauspieler vor uns, denn der Vasenmaler hat ihre Namen dazugesetzt. Sie stehen in lockerem Gespräch herum und halten ihre Masken in den Händen. Hinzuweisen ist auf das geringe Gewicht der Masken; so weit wir wissen, bestanden sie aus gestärktem Leinen, wurden angemalt und, falls angebracht, mit Haaren versehen. Anders als manche modernen Imitationen bedeckten sie den größten Teil des Kopfes. Ihre Anfertigung muß zu den schwierigeren Aufgaben des Kostümbildners und Requisiteurs, des *skeuopoios*, gehört haben; er durfte, neben allem übrigen, nicht vergessen, daß seine Meisterstücke robust genug sein mußten, um manchmal auch sehr schnell gewechselt werden zu können, da die Schauspieler in einem Stück verschiedene Rollen verkörperten. Um ihre Hüften tragen die Chordarsteller, wie wir hier sehen können, Strumpfhosen oder Kniehosen, die (nicht immer) mit Haaren bedeckt waren. An diese Kostüme ist vorn ein Phallos und hinten ein Pferdeschwanz angeheftet. Unten in der Mitte der Szene ist der Flötenspieler des Chors namens Pronomos zu sehen (nach ihm nennt man das Gefäß üblicherweise die Pronomos-Vase), während der Autor, Demetrios, weiter links mit einer Schriftrolle in der Hand abgebildet ist. (Auffällig ist, daß dem Musiker, nicht dem Autor, die wichtigste Position eingeräumt wird.) In der Mitte oben ist Dionysos als Gott des Theaters mit seiner Gefährtin Ariadne dargestellt. Es handelt sich um das Heiligtum dieses Gottes, wie auch die auf Säulen stehenden Dreifüße an den Seiten verraten, die üblichen Weihegaben nach Siegen in einem Dramenwettbewerb. Das Denkmal des Lysikrates (Abb. 12), das ebenfalls einen Dreifuß auf der Spitze trug, ist lediglich eine weiter ausgearbeitete Version. Zu beiden Seiten stehen die Schauspieler einer Aufführung, darunter rechts oben ein Herakles.

In der linken unteren Mitte tanzt einer der Chordarsteller. Er trägt seine Maske und spielt gewissermaßen seine Rolle. Das führt uns auf einen interessanten Gesichtspunkt hinsichtlich der bildnerischen Darstellung des Dramas im klassischen Athen. Ein Überblick über die Abbildungen in unserem Tragödienabschnitt zeigt, daß es (abgesehen von einer Ausnahme) keine Darstellungen von tragischen Schauspielern in ihren Rollen gibt, während die Akteure der Komödie in der ganzen Pracht ihrer Kostüme gezeigt wurden. Die Haltung der Hersteller von bemalten Gefäßen oder Figuren entsprach der des übrigen Publikums. Das ernste Theater bedurfte der Aufrechterhaltung der dramatischen Illusion, damit die Zuschauer an die Realität der sich auf der Bühne entfaltenden Ereignisse glaubten. Der Schauspieldichter und seine Akteure erschufen die Geschichten der heroischen Vergangenheit der Zuschauergemeinschaft in einer Gesellschaft neu, die dramatische Aufführungen realistisch und aufregend fand. Es ist daher nicht überraschend, daß die Künstler bei der Wiedergabe einer Aufführung jene Realität abbildeten, von

8 *Tanzender junger Mann, als Satyr kostümiert*

9 *Rechte Seite: Die Schale des Brygos-Malers zeigt Satyrn in Aktion*

der die Schauspieler sie überzeugten: sie bildeten also den Mythos selbst, nicht die Personen als Schauspieler in einer bestimmten Bühnensituation ab. Die Komödie hingegen bestand aus kostümierten Männern, die eine komische Wirkung erzielten. Das komische Genre spielte im 5. Jahrhundert regelmäßig mit dem Verhältnis Publikum–Schauspieler und durchbrach stets die dramatische Illusion durch Anspielungen auf sich selbst, seine Ausführung und seine Kostüme. So wie das Satyrspiel mit seinem ernsthaft-komischen Stil eine Zwischenstellung einnahm, so folgten auch seine bildlichen Darstellungen entweder dem einen oder dem anderen Prinzip, und gelegentlich wurden auch beide verbunden.

Die prächtige Tänzerfigur auf Abb. **8** ist als ein junger, als Satyr kostümierter Mann dargestellt. Seine Hose ähnelt denen der Chordarsteller auf der Pronomos-Vase (Abb. **5**); auch der Tanz, den er ausführt, scheint jenem Tanz zu gleichen. Dieses Gefäß dürfte nur unwesentlich früher entstanden sein als die Pronomos-Vase. Auf anderen Beispielen, etwa dem in Abb. **9** gezeigten, sind die Figuren jedoch als wirkliche Satyrn dargestellt. Dieser Becher ist

10 *Vorbereitungen zur Blendung des Polyphem (die anwesenden Satyrn lassen an ein Satyrspiel denken)*

einer der schönsten des Britischen Museums und stammt aus dem zweiten Jahrzehnt des 5. Jahrhunderts, der Zeit zwischen den Schlachten von Marathon und Salamis. Wir sehen, wie von der einen Seite Satyrn auf Zeus' Gemahlin Hera eindringen. Sie weicht erschrocken zurück, und Herakles kommt ihr zu Hilfe. Hermes, der die Götter vielleicht an den Ort brachte, wo sich die Satyrn aufhalten, steht unbeteiligt dazwischen. Auf der anderen Seite erblicken wir eine Szene, bei der es vielleicht um die Verteidigung eines Territoriums geht. Die Götterbotin Iris versucht erfolglos, sich mit einem Fleischstück, wohl einem Schwanz, davonzumachen, der gerade auf dem Altar verbrannt oder gekocht werden soll. Man kann vermuten, daß sich auch dieser Altar im Heiligtum des Dionysos befindet: der Gott stürmt vorwärts mit dem *kantharos* in der Hand; wahrscheinlich hatte er als Statue auf dem links befindlichen Podium gestanden.

Abb. **10** zeigt einen schönen Kelchkrater, der gegen Ende des 5. Jahrhunderts, vielleicht zwischen 415 und 410 v. Chr., in der griechischen Kolonie Metapont angefertigt wurde. Die Szene spielt bei Dunkelheit, denn die jungen Männer zur Linken tragen Fackeln. In der Mitte unten sehen wir die Gestalt, die im Mittelpunkt der Handlung steht, den Kyklopen Polyphem mit seinem großen einen Auge über den Brauen der normalen Augenhöhlen. Neben ihm befinden sich eine Schale und ein Weinschlauch. Über dem Kyklopen mühen sich die Gefährten des Odysseus mit einem Baumstamm, mit dessen brennendem, zugespitzten Ende sie den Riesen blenden werden, um ihre Flucht ins Werk zu setzen. Rechts tanzen hilfsbereite Satyrn herbei. Ihre Anwesenheit läßt den Schluß zu, daß diese Gefäßmalerei wahrscheinlich von dem einzigen uns vollständig überlieferten Satyrspiel inspiriert wurde, dem *Kyklops* des Euripides, das in Athen wenige Jahre zuvor uraufgeführt worden war.

Die Satyrn rechts neben dieser Szene zeigen ähnliche Posen, wie wir sie schon kennengelernt haben; sie führen offenbar einen Chortanz aus. Ihr Gang ist charakteristischerweise beschwingt; wir können annehmen, daß sie sich, von Begeisterung und Furcht angeregt, geschwind durch die Orchestra bewegten. Gegen Ende des 5. Jahrhunderts hatte die Gattung des Satyrspiels an Bedeutung verloren, wenngleich sie im 4. Jahrhundert und bis in die Zeit des Hellenismus hinein weiterlebte. Auch die Satyrmaske blieb ein wichtiger Bestandteil unter den visuellen Requisiten des Theaters.

Von den übrigen Satyrspielen sind uns vor allem die *Ichneutai* (*Die Spürhunde*) des Sophokles gut bekannt, weil ein großer Teil des Textes aus aufgefundenen Papyri zurückgewonnen werden konnte. Tony Harrison hat diesem Satyrspiel durch die Aufnahme in sein Stück *The Trackers of Oxyrhynchus*, das 1991 im Londoner National Theatre seine Uraufführung erlebte, neues Leben eingehaucht. In späterem Zusammenhang werden wir auf diesen Papyrusfund (vgl. Abb. **79**) noch zurückkommen.

IV

Theater und Tragödie im 5. Jahrhundert v. Chr.

Der Stein, den Abb. 11 zeigt, enthält den Teil einer langen Liste der Sieger bei den städtischen (Großen) Dionysien, die in Athen stattfanden. Dieser Stein wurde wahrscheinlich kurz nach 346 v. Chr. in oder an einem Gebäude aufgestellt, dessen Lokalisierung und Funktion nicht bekannt sind. Die Urkundensammlung reicht sehr viel weiter zurück und wurde danach noch einige Jahre lang ergänzt. Urkunden dieser Art sind in verschiedenen Formen bekannt. Wenn auch nur fragmentarisch erhalten, bieten sie Informationen, die auf Grund der genauen Daten und Details für Theaterhistoriker von unschätzbarem Wert sind. Schon aus der knappen offiziellen Mitteilung erfahren wir einiges über den Kontext, in dem Theateraufführungen standen und für den die Dramatiker schrieben.

Das Fest war eine staatliche Einrichtung. Farbenprächtige, eindrucksvolle Zeremonien, über die wir aus anderen Quellen ein wenig Bescheid wissen, begleiteten die in der Inschrift genannten Ereignisse und gaben ihnen zusätzliche Bedeutung. In unserem Text ist jedem Jahr als Überschrift der Name des Beamten zugeordnet, der dem Jahr seinen Namen gab, z. B. »Im [Jahr] des Philokles«, das heißt, im Jahr 459/458 v. Chr., hier im Jahr 458 v. Chr., da die Dionysien im Frühjahr stattfanden (März/April) und das Jahr im Sommer (Juli/August) endete. Einem Sprichwort zufolge konnte man ab dem Zeitpunkt der Dionysien gut zur See fahren. Bei dem Fest waren zahlreiche Besucher von auswärts zu erwarten, nicht zuletzt auch aus den Kolonien der Mutterstadt, die ihre Einkünfte als Tribute überbrachten. Bei dem winterlichen Festereignis, den Lenäen (Januar/Februar) war die Athener Bevölkerung hingegen weitgehend unter sich, weshalb hier auch auf das Verhalten von Politikern angespielt werden konnte, wie wir aus den *Acharnern* des Aristophanes erfahren (502–508).

Unter dem Jahresdatum sind die Sieger im Knabenchor, im Männerchor, in der Aufführung von Komödien und Tragödien genannt. In allen diesen Fällen ist zudem der *choregos* angegeben, die Person, die das Ereignis im öffentlichen Interesse aus seinen Mitteln finanzierte. Bei den Chorwettbewerben führten Gruppen von 50 Personen Kompositionen auf, die unter dem traditionellen Namen ›Dithyramben‹ liefen. Hier konkurrierten die zehn Phylen, welche die athenische Bürgerschaft bildeten, und die siegreiche ist genannt. Wenn alle zehn Stämme am Knaben- und am Männerwettbewerb teilnahmen, kommen wir also auf 1000 Teilnehmer, wobei die drei tragischen Beiträge mit ihren Chören von zwölf (später 15) und die fünf komischen Produktionen mit ihren Chören von 24 Teilnehmern noch nicht berücksichtigt sind. Auch wenn es sicher einige Doppelteilnahmen gegeben haben wird, tru-

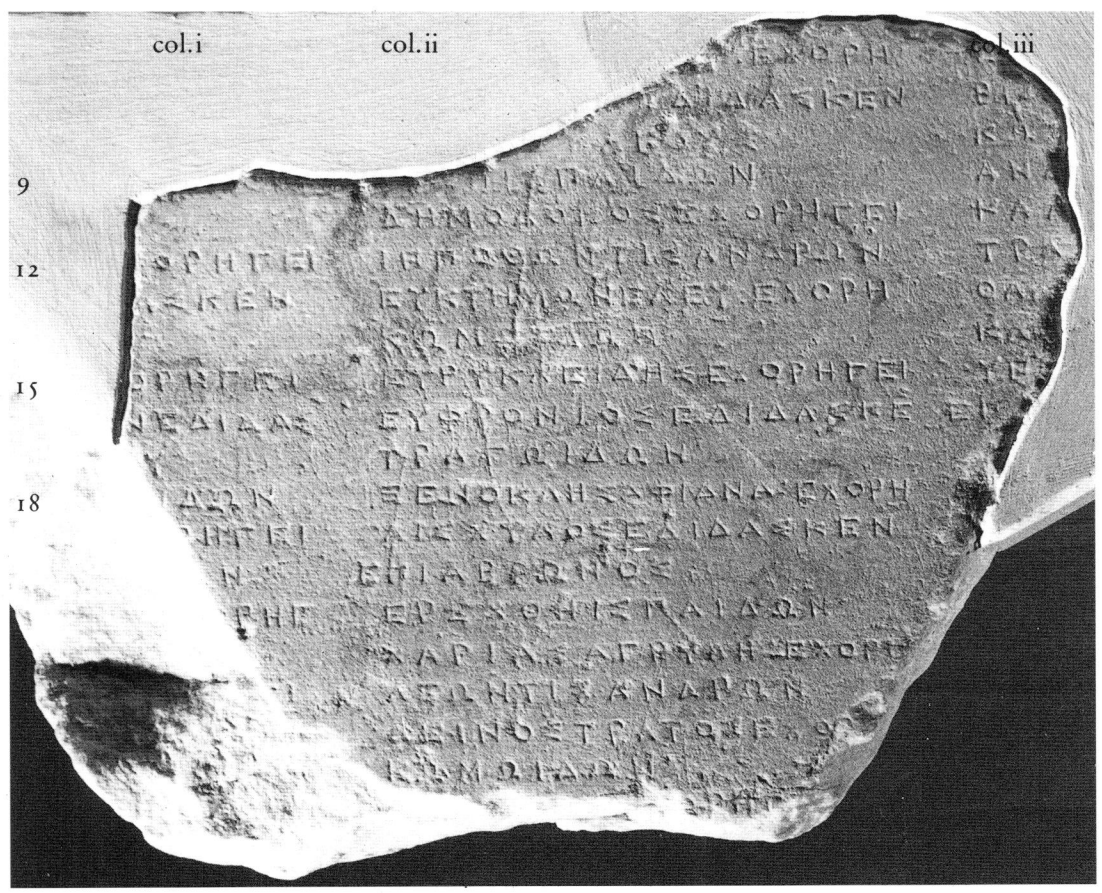

col. i   col. ii   col. iii

9
12
15
18

9   [᾿Επὶ Φιλο]κλέου[ς
      [Οἰν]ηῒς παίδων
      Δημόδοκος ἐχορήγει
12   ῾Ιπποθωντὶς ἀνδρῶν
      Εὐκτήμων ᾿Ελευ:(σίνιος) ἐχορή(γει)
      κωηωιδῶν
15   Εὐρυκλείδης ἐχορήγει
      Εὐφρόνιος ἐδίδασκε
      τραγωιδῶν
18   Ξενοκλῆς ᾿Αφιδνα:(ῖος) ἐχορή(γει)
      Αἰσχύλος ἐδίδασκεν

11 *Fragment einer Siegerliste von den Großen Dionysien*

12 *Dionysos und die
Piraten: das Denkmal
des Lysikrates,
334 v. Chr.*

gen auch sie noch zu einer beträchtlichen Vergrößerung der Teilnehmerzahl bei. Es muß ein starkes Gemeinschaftsgefühl geherrscht haben, und vielleicht ist es ein Hinweis auf den einsetzenden Verfall, wenn Ende des 4. / Anfang des 3. Jahrhunderts v. Chr. eine Figur in einem Stück des Menander darauf hinweist, daß die volle Chorstärke durch zwei oder drei Hintergrundpersonen erreicht wird, die selber nicht singen (*Epikleros*, Fragment 153). Abb. **12** zeigt das heute noch in Athen stehende Denkmal, das der *choregos* Lysikrates zur Feier des Siegs errichtete, den der Knabenchor der Phyle Akamantis im Jahre 334 v. Chr. errang. Der bronzene Dreifuß, der als Weihegabe für den Sieg gespendet wurde, stand ursprünglich auf der Spitze des Denkmals. Weitere Dreifüße sind als dekorative Reliefs zwischen den Säulen abgebildet. Der umlaufende Fries darüber stellt ein Abenteuer des Dionysos dar, das wahrscheinlich Gegenstand der siegreichen Darbietung war. Es handelt sich um die uns aus dem homerischen Dionysos-Hymnus und anderen Quellen bekannte Gefangennahme des Dionysos durch Piraten: hier kämpfen seine Satyrn mit ihren Überwältigern, von denen der Gott einige in Delphine verwandelt.

Wir kehren zur Abb. **11** zurück. Bei den Darstellern der Komödien und Tragödien (Chor und Schauspieler werden als eine Gruppe behandelt) nennt die Inschrift den Stückeschreiber, jedoch interessanterweise in der traditionellen Formulierung *edidasken* ›studierte ein‹, nach der die Person, welche die Verse schrieb, zugleich den Chor und die Schauspieler einstudierte. Es gibt Nachrichten, daß Dramatiker selbst eine Rolle in ihren Stücken übernahmen, und in den frühen Zeiten mag das sogar die Regel gewesen sein. Die Tatsache, daß für das Einstudieren das gleiche Wort verwendet wurde, was allgemein »lehren« heißt, macht deutlich, daß der Stückeschreiber, zumindest theoretisch, auch für die Aufführung verantwortlich war, also eine Rolle hatte, die wir heute als die des Regisseurs bezeichnen würden. Es gab aber auch Fälle, in denen bei der ersten Aufführung eines Stücks während eines Festes ein anderer diese Aufgabe übernahm (beispielsweise geschah dies mehrmals in der Laufbahn des Aristophanes); welche Regeln dieser Praxis zugrunde lagen, ist uns nicht bekannt.

Von den Menschen, die als Sieger bei den Dionysien des Jahres 458 v. Chr. verzeichnet wurden, wissen wir wenig oder nichts. Doch in der letzten Zeile für dieses Jahr lesen wir dann die Worte: »Aischylos war der Einstudierende« womit die Uraufführung der *Orestie* gemeint war.

Diese Aufführung erlebten vielleicht 10 000 Menschen im Theater des Dionysos zu Athen (Abb. **13–14**). Es ist schwer, genaue Angaben über die Zuschauermenge des 5. Jahrhunderts zu machen, doch ist das in unserem Zusammenhang auch gar nicht erforderlich. Entscheidend ist, daß die Zuschauerzahl eher der eines mittelgroßen Fußballstadions entsprach als der eines heutigen Stadttheaters. Die erhaltenen Ruinen erlauben, obwohl sie von Anbauten späterer Jahrhunderte stark überschichtet sind, eine gewisse Einschätzung des Maßstabs und der Perspektiven. Es ist immer noch umstritten, wann die Mauer H, jene lange Wand aus Grundbaublöcken mit den rechtekkigen Oberplatten und den Schlitzen zum Einschieben von Balken, als Sockel für eine Bühne errichtet wurde. Falls das erst im 4. Jahrhundert v. Chr. geschah, besitzen wir keinen sicher identifizierbaren Überrest des Theaters der klassischen Tragödie und der Komödie des 5. Jahrhunderts.

13 *Plan des Dionysos-Theaters in Athen*

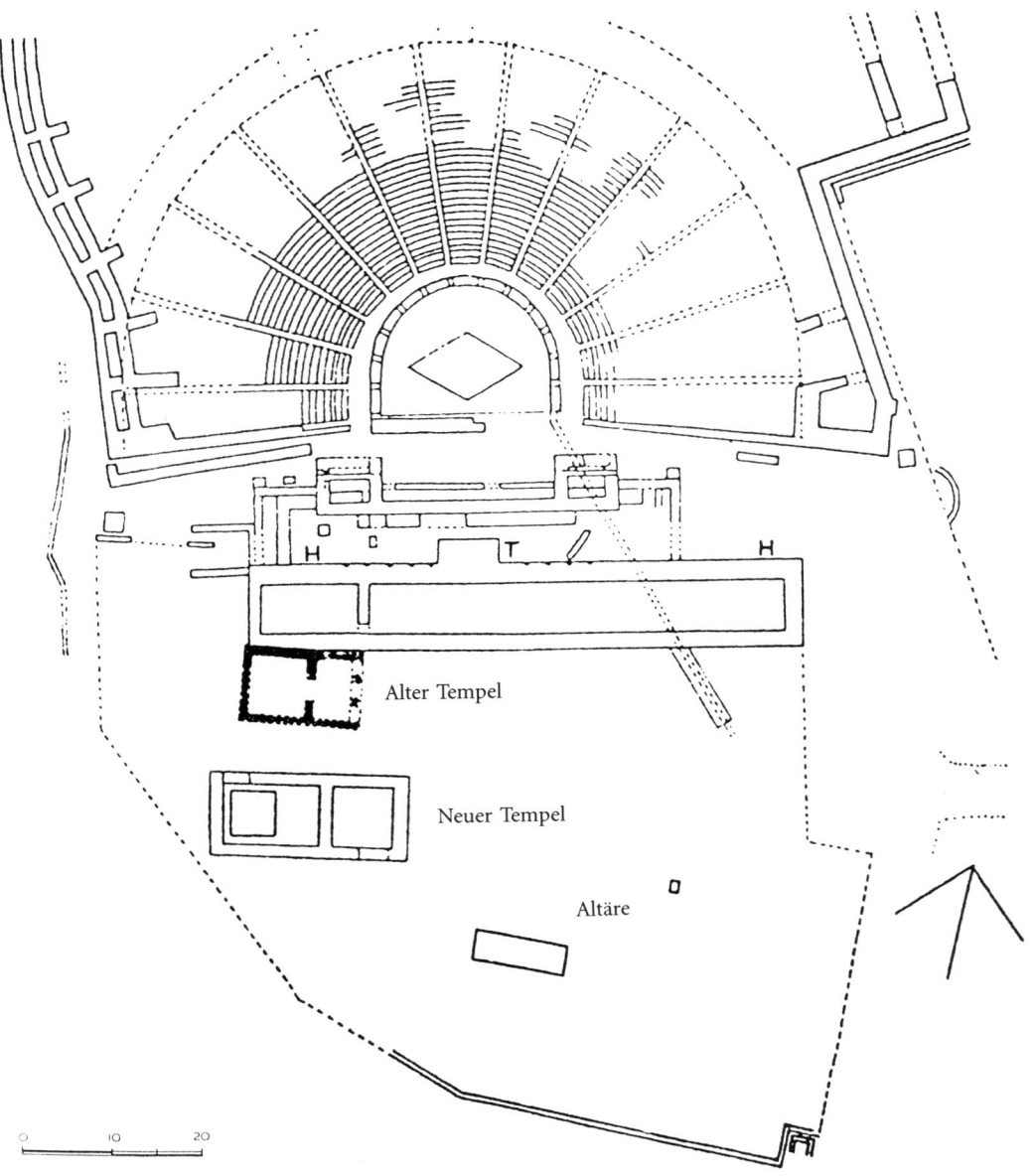

Alter Tempel

Neuer Tempel

Altäre

O   10   20

Die Bühne jener Tage dürfte eine niedrige Plattform von wohl bis zu 20 Metern Länge gewesen sein, die über eine flache Stufe oder Stufenfolge mit einer Orchestra von entsprechenden Dimensionen verbunden war. Die Orchestra war der Bereich des Chors und stand in räumlicher, geistiger und emotionaler Hinsicht zwischen Schauspielern und Publikum. Ob sie schon früh die bekannte kreisrunde Form wie in Epidauros (Abb. 32–33) annahm, ist unbekannt; für das 5. Jahrhundert dürfen wir beim Theater des Dionysos vielleicht von einer großstädtischen Variante des Theaters von Thorikos (Abb. 6–7) oder Trachones ausgehen, also von einer rechteckigen, jedenfalls nicht runden Anordnung von Zuschauerplätzen und Auditorium. Immerhin muß die Orchestra groß genug gewesen sein, um einem solchen Spektakel wie dem Rundtanz von 24 Chorteilnehmern in Aristophanes' 411 v. Chr. uraufgeführter Komödie *Thesmophoriazusen* (953 ff.) problemlos Platz zu bieten. Die Schauspieler treten von den Seiten oder aus dem Bühnenhaus auf. Die ersten Verse des *Agamemnon*, des ersten Teils der *Orestie*, spricht ein Wächter, der erzählt, er halte auf dem Dach des Königspalastes Ausschau. Spätestens 458 v. Chr. muß das Gebäude folglich so fest gewesen sein, daß sein Dach einen Schauspieler tragen und es als Palast ausgegeben werden konnte. Der Palast ist der übliche Schauplatz der klassischen Tragödie, deren Geschichten von Unheil in königlichen Familien handeln. Im Innern dieser Paläste finden die traurigen Ereignisse statt, die dann draußen berichtet wer-

14 *Das Theater des Dionysos in Athen*

den. Ein Schlüsselmoment in Aischylos' Stück ist es, wenn Agamemnon von seinem Wagen steigt und über kostbaren, blutroten Stoff ins dunkle Innere tritt, wo Klytämnestra ihn ermorden wird. In der Tragödie wird nur eine einzige, in der Mitte befindliche Tür benutzt, weshalb sich die Aufmerksamkeit um so ausschließlicher auf sie richtet, wenn sie ins Spiel kommt. Die Ausstattung war wahrscheinlich abstrakt und konventionell: die Worte allein erschufen die Szenerie vor dem geistigen Auge des Zuschauers. Ihr Gebrauch ist häufig kühner, bildkräftiger und präziser als im alltäglichen Leben, was einen monumentalisierten Schauspielerstil bedingt haben dürfte. (Der Wortgebrauch in der Komödie steht dagegen teils dem Alltag näher, teils ist er durch größere Derbheit gekennzeichnet.) Viele Touristen überrascht die hervorragende Akustik der antiken Theater; wenn man aber Aufführungen in ihnen erlebt, treten die Vorzüge ausgezeichneter Schauspieler und die Stärken und Schwächen der durchschnittlichen deutlich zu Tage. Ein bestimmender Zug in der Entwicklung des griechischen Dramas war das Anwachsen der Schauspielerrollen gegenüber dem Choranteil, wobei ein möglicher Faktor sicherlich die praktischen Aufführungsbedingungen waren.

Abb. **24** (s. auch Frontispiz) zeigt den Eindruck eines Künstlers des 4. Jahrhunderts von einer Darstellung der *Eumeniden*, des dritten Teils der *Orestie*, in dem Orestes nach Delphi flüchtet. Er ist hier in einem Tableau mit Apollon, Athena und den Furien dargestellt. Wenn in den *Fröschen* des Aristophanes (1124) die Eröffnungsrede des zweiten Stücks, der *Choephoren*, als »Prolog der Orestie« zitiert wird, läßt dies den Schluß zu, daß vielleicht schon vor dem Ende des 5. Jahrhunderts *Choephoren* und *Eumeniden* zusammengezogen und als selbständiges Stück produziert wurden. Der *Orestes* des Euripides wurde jedenfalls zu einem berühmten Repertoirestück, das noch in einem Wandgemälde aus der römischen Kaiserzeit festgehalten wurde, auf das wir später zurückkommen werden (Abb. **71**).

Szenen, in denen ein Held Schutz an einem Altar sucht, sind erinnerungsträchtige Momente einer Tragödie, weil in ihnen in klarer bildlicher Form und mit einem Appell an das religiöse Empfinden ein Knoten, ein Umschlag der Handlung markiert wird. Derartige Szenen waren aber keineswegs die einzigen Möglichkeiten der Dramatiker, den im wesentlichen statischen Charakter der Tragödieninszenierungen auszunutzen. Nach den Aussagen in den *Fröschen* (911 ff.) erinnerte man sich beispielsweise gut an das lange, statuarische Schweigen der Niobe in Aischylos' gleichnamigem Stück oder des Achilles in den *Myrmidonen* desselben Autors. Abb. **15** zeigt einen aggressiveren Asylsucher als den Orestes, der in dieser Szene als Kind auftritt: Telephos, der vertriebene Herrscher von Mysien, packt im Palast des Agamemnon dessen Sohn Orestes und eilt mit ihm zum Altar. Unsere Vase ist in der Mitte des 5. Jahrhunderts und daher zu früh entstanden, um die berühmte Behandlung dieser Episode in Euripides' *Telephos* von 438 v. Chr. widerzuspiegeln, wo Telephos den Königssohn mit einem Schwert bedrohte. Man hat unsere Dar-

15 *Telephos mit Orestes
auf dem Altar sitzend,
links naht Agamemnon*

stellung daher mit Aischylos in Verbindung gebracht, der 456 v. Chr. in Sizilien starb und folglich zur Zeit der Entstehung der Vase noch gut in Erinnerung gewesen sein dürfte. Aristophanes' Parodien in den *Acharnern* und den *Thesmophoriazusen* beziehen sich jedoch auf die Euripideische Version dieser Szene mit Telephos und dem Kleinkind: Abb. **27** zeigt eine Darstellung dieser Parodie und verdeutlicht den Kontrast zwischen tragischer und komischer Auffassung. In den *Acharnern* (418 ff.) wird neben Telephos auch Oineus, der König von Kalydon, als einer der pathetischen, leidgeprüften Helden des Euripides erwähnt. Abb. **25** wurde mit diesem Stück in Verbindung gebracht: Sie zeigt Oineus als alten Mann, der voran gebracht wird, um mit Hilfe des Diomedes die Rache an seinem Bruder Agrios, der sich der Herrschaft bemächtigt hatte, zu vollziehen. Der wieder in sein Amt eingesetzte Oineus ist als tragischer König gewandet; Agrios, den der Vasenmaler mit Namen bezeichnete, hockt zusammengekauert auf dem Altar und sieht seiner Opferung entgegen. Unter dem Altar erscheint als Symbol der Rache eine schwarze Furie, die eine Schlange schwingt.

Die Leiden der Helden können im wörtlichen Sinn theatralischen Charakter haben, und so sollten sie gewiß auch gezeigt werden. Es handelt sich dabei um erkennbare Ausnahmen von der Regel, daß die Tragödie Gewalt und Schmerzen nicht direkt auf der Bühne darstellt. Ein bezeichnendes Beispiel dafür ist Prometheus, der zu Beginn des *Gefesselten Prometheus* an einen Felsen geschmiedet wird; ein anderes ist Ixion, der wegen seines Versuchs, Hera zu vergewaltigen, mit dem Rad gefoltert wird. Diesem Motiv sind wir in Abb. **9** begegnet; im Zusammenhang mit Ixion kennen wir es aus Stücken, die uns nicht erhalten sind. Abb. **16** spiegelt möglicherweise eine Erinnerung an die Version des Aischylos wider.

Eine Erfindung des 5. Jahrhunderts war die *ekkyklema*, eine auf Rädern sitzende Plattform, die aus der Tür in der Mitte der Bühnenwand geschoben werden konnte, um Szenen darzustellen, die sich im Innern des Palastes abspielten. Wie der Kran, mit dessen Hilfe Götter hernieder schweben oder Helden in den Himmel aufsteigen konnten (so wie es Bellerophon auf dem Flügelpferd Pegasos bei Euripides tat), wird diese mechanische Vorrichtung bestimmt nicht dem Geschmack aller Zuschauer entsprochen haben; den Autoren von Komödien bot sie jedenfalls prächtige Möglichkeiten zur Verulkung. Sophokles jedoch nutzt dieses Mittel, Vorgänge hinter geschlossener Tür darzustellen, in seinem *Aias* ganz ernsthaft. Hier wird Aias umgeben von den Kadavern der Tiere gezeigt, die er im Wahn, es handele sich um die griechischen Führer, die ihn beleidigten, erschlug. Im *Gefesselten Prometheus* wurde die Plattform möglicherweise zu Beginn des Dramas herausgerollt, damit der noch immer angekettete Heros am Ende des Stücks wieder von der Bühne gebracht werden konnte. Ähnlich kann auch in Ixion-Stücken verfahren worden sein, wenn das Leiden des Titanen gezeigt und nicht nur erzählt werden sollte.

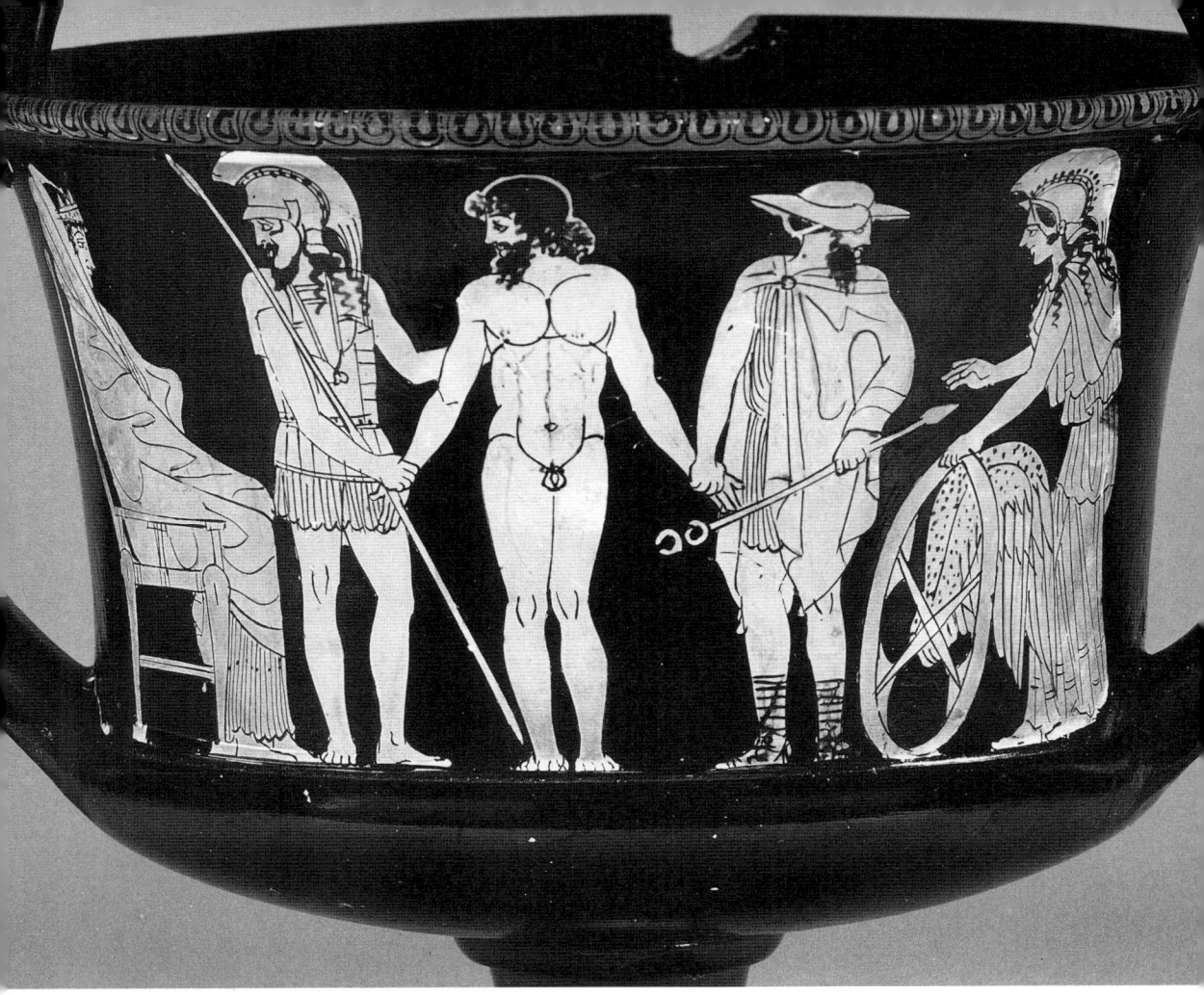

Ein beeindruckendes Bühnenspektakel war die Fesselung der Andromeda. Deren Mutter hatte geprahlt, ihre Tochter überträfe die Meeresnymphen an Schönheit, worauf diese den Meergott Poseidon veranlaßten, ein Ungeheuer zu schicken, dem Andromedas Vater Kepheus seine Tochter zum Opfer geben mußte. Eine Gruppe von Vasen (vgl. Abb. **17**), die zwischen 450 und 440 v. Chr. entstanden, soll ein Reflex der Begeisterung sein, welche die Aufführung der *Andromeda* des Sophokles hervorrief. Wir sehen die Vorbereitungen zur Fesselung: Einige Personen rammen Pfähle in den Boden, andere schleppen die Königstochter herbei, wieder andere tragen Opfergaben wie für die Totenspende. Kepheus überwacht die Vorgänge. Rechts, etwas entfernt, lugt schon Perseus aus, der als Retter herbeieilen wird. Es spricht einiges dafür, daß Aischylos' Sohn Euaion in der Aufführung die Rolle des Perseus spielte. Euripides' Fassung des Mythos wurde 412 v. Chr. aufgeführt; wir kennen Teile des Prologs aus der Parodie in den *Thesmophoriazusen* des Aristophanes (1056 ff.), die im folgenden Jahr aufgeführt wurden. Euripides' Fassung unter-

16 *Ixion wird zur Folterung mit dem Rad verurteilt*

17 Vorbereitungen
zur Auslieferung der
Andromeda an das
Ungeheuer

schied sich darin von der Sophokleischen Version, daß Andromeda hier
schon zu Anfang wie Prometheus an einen Felsen angeschmiedet war und,
begleitet von der Nymphe Echo, eine Klage an die Nacht anstimmte. Beide
Versionen lassen sich auf den Vasenmalereien deutlich unterscheiden, auch
wenn es in späteren Darstellungen zu einer gewissen Vermischung kommt.

Einen weiteren leidenden Helden zeigt Abb. 18, es ist der blinde Phineus,
dessen Nahrung Harpyien rauben. Der Vasenmaler legt ihm die Worte: »Oh,
Götter, Götter« in den Mund. Aischylos stellte 472 v. Chr. neben den *Persern*
einen *Phineus* auf die Bühne. In dem Katalog dramatischer Masken, den Pollux in seinem *Onomastikon* (4,141) zusammenstellte, ist eine spezielle Maske
des blinden Phineus erwähnt. Pollux widmete seine Enzyklopädie dem Kaiser
Commodus (180–193), das abgebildete Gefäß muß jedoch bald nach der Uraufführung des Dramas geschaffen worden sein.

Gewalt auf der tragischen Bühne läßt sich, ähnlich wie körperliches Leiden, dem Publikum sowohl erzählen, wie auch in symbolischer Darstellung
zeigen. Wenn die bildende Kunst Ereignisse aus heute verlorenen Stücken

darstellt, ist nicht immer deutlich, ob Bühnenvorgänge abgebildet oder die Worte des Dramas in Handlungen umgesetzt wurden. Im *Herakles* des Euripides bringt Iris als Botin Heras die Lyssa herbei, eine Tochter der Nacht, um den Heros in den Wahnsinn zu treiben; eine leidenschaftliche lyrische Intervention des Chors wird von Schreien unterbrochen, die aus dem Innern des Hauses dringen; dadurch wird die Stimmung für eine lange Erzählung (922–1015) vorbereitet, in der berichtet wird, wie der verblendete Held die Kinder ermordete, die er gerade zuvor erst vom Tod errettet hatte. Eine ähnliche dramatische Szenenfolge könnte die Grundlage für die Darstellung des Wahnsinns des Lykurgos (Abb. **19**) gewesen sein, die ein Vasenmaler aus Tarent vor der Mitte des 4. Jahrhunderts v. Chr. schuf. Wir werden auf sie ausführlich im 6. Kapitel zurückkommen. Im Augenblick interessiert uns nur, daß die wahrscheinliche Quelle dieser Darstellung eine verlorene Tragödie des Aischylos war, *Edonoi*, das erste Drama der Trilogie *Lykurgeia*, die nach Ausweis der Anspielungen, die Aristophanes in den *Thesmophoriazusen* vorbringt, und der Motive, die Euripides in den *Bakchen* offensichtlich dem Aischylos ent-

18   *Der geblendete Phineus: »Oh ihr Götter, Götter!«*

lehnte, in Athen schon gegen Ende des 5. Jahrhunderts als klassisches Werk galt. Es ist faszinierend, daß diese Thematik dann plötzlich auch wieder in der bildenden Kunst erscheint.

Erzählungen spielen eine unterschiedliche Rolle in den vier bildnerischen Darstellungen, mit denen dieses Kapitel schließt; auf alle vier werden wir in Kapitel 6 noch weiter eingehen. Abb. 20 zeigt eine Szene aus einer Aufführung des *König Oidipus* von Sophokles, wie sie ein Vasenmaler des 4. Jahrhunderts sah. Dargestellt ist der Moment, den Aristoteles in seiner *Poetik* als besonders tragisch empfahl (1452a,22 ff.). Der Bote, links abgebildet, glaubt, Nachrichten zu bringen, die Oidipus' Ängste beseitigen können. Tatsächlich aber enthüllt diese Botschaft zunächst der schon die Wahrheit ahnenden Jokaste und später auch Oidipus selbst, daß sich die Prophezeiung erfüllt hat, nach der er unwissend seinen Vater töten und seine Mutter heiraten sollte. Das Publikum mit seinem überlegenen Wissen antezipiert das ganze Ausmaß des Schreckli-

19 *Linke Seite: Der Wahnsinn des Lykurgos*

20 *Sophokles' König Oidipus: der Botenbericht bereitet die Erkenntnis vor*

chen, das sich den tragischen Charakteren erst im Verlauf der Szene enthüllt (*König Oidipus* 924 ff.).

Abb. **21** zeigt in der typischen, ausmalenden Vorstellungsweise des 4. Jahrhunderts ein Motiv aus dem *Hippolytos* des Euripides: die unheilvolle Fahrt des jungen Helden ins Exil, von der der Bote, der wiederum links zu sehen ist, erzählen wird (1153 ff.). Der Eigentümer des Volutenkraters kannte offenkundig jenen Botenbericht, in dem es heißt, daß Poseidon als Reaktion auf Theseus' Verfluchung seines Sohnes einen Stier aus dem Meer sandte. Eine Furie verkörpert die Panik, die daraufhin die Pferde erfaßte. In dem Figurenband über dieser Szene erblicken wir eine Versammlung von Göttern, von denen manche in enger Verbindung mit dem Drama stehen, andere in ihm nur eine marginale Rolle haben.

In mancher Hinsicht ähnlich ist die Darstellung des Volutenkraters auf Abb. **22**. Auch hier sehen wir ein Verwunderung hervorrufendes Ereignis, das außerhalb der Szene stattfindet, diesmal aus der *Iphigenie in Aulis*. Die Handlung hat sich zu dem Moment zugespitzt, in dem Agamemnon seine Tochter opfert, um einen günstigen Wind für den Kriegszug nach Troja zu erlangen.

21 *Linke Seite:*
Der Tod des Hippolytos

22 *Opferung und Verwandlung der Iphigenia*

In diesem Augenblick aber verwandelt sich die Königstochter in eine Hirschkuh. Diese Szene löst den tragischen Konflikt und bringt der entrückten Iphigenie den Anfang eines neuen Lebens. Dieses glückliche Ende war denkwürdig, auch wenn der uns überlieferte Text gegenüber der eigentlichen Fassung des Euripides an späteren »Verbesserungen« leidet.

Wir haben oben mit der Erwähnung der Euripideischen Behandlung des Andromeda-Stoffs einen Hinweis auf die pittoreske und romantische Seite der griechischen Tragödie, insbesondere des späten Euripides, gegeben. Abb. 23 kann hierzu vielleicht einen Beitrag leisten. Dargestellt ist die junge Antigone, die von einem alten Diener auf das Dach des thebanischen Königs-

23 *Linke Seite: Euripides' Phoenissen: Antigone geht, um nach dem Vorrücken der Sieben Ausschau zu halten*

24 *Orestes sucht Zuflucht in Delphi*

25 *König Oineus wieder an der Macht: die Rache folgt auf dem Fuße*

palastes geführt wird, der ihr, die von Furcht und Neugier erregt ist, das Vordringen der sieben Kämpfer aus Argos mit ihren Streitkräften weist. Euripides adaptierte in seinen *Phoenissen* (88–201) die Szene aus dem dritten Gesang der *Ilias* (161–244), in der Priamos und Helena von den Mauern Trojas Ausschau halten. Die Vermischung des Dichterischen, Opernhaften und Theatralischen, die dem Dichter hier gelang, ergab zweifellos ein Bild, das im Gedächtnis haften blieb.

V

Aristophanes und die anderen:
Die klassische attische Komödie

Was die klassische Tragödie angeht, besitzen wir Stücke dreier bedeutender Dramatiker, deren Entstehungszeitraum zwischen 472 v. Chr. und den letzten Jahren des 5. Jahrhunderts liegt. Bei der klassischen Komödie sind wir, wenn man von Menander im letzten Viertel des 4. Jahrhunderts absieht, einzig auf die überlieferte Auswahl aus den Werken eines einzelnen Autors, des Aristophanes, angewiesen. Diese Auswahl berücksichtigt vornehmlich die satirisch-politischen Stücke aus den frühen Jahren des Dramatikers. Fünf dieser Komödien entstanden zwischen 425 und 421 v. Chr., dazu kommen sechs weitere, die zu verschiedenen Zeiten in den verbleibenden 35 Jahren seiner aktiven Laufbahn entstanden sind. Das letzte dieser Stücke, der 388 v. Chr. uraufgeführte *Plutos*, zeigt einen bemerkenswerten Schritt hin zu dem einfacheren, allgemeine Themen des sittlichen Lebens aufgreifenden Stil, der die Komödie im 4. Jahrhundert v. Chr. bestimmen sollte. Man kann dieses Aristophanes-Bild noch etwas ergänzen und im einzelnen verändern, doch ist es nach wie vor bestimmend.

Die Tatsache, daß volkstümliche Unterhaltung häufig voller Anspielungen ist und als ein Bild des zeitgenössischen Lebens gelten darf, sollte den Umstand nicht verdecken, daß sie gleichwohl häufig stark von Traditionen und beliebten Stereotypen abhängt, die das Publikum gerade deswegen schätzt, weil es mit ihnen vertraut ist. Aristophanes ist in dieser Hinsicht keine Ausnahme. Die Stücke, deren Chöre aus Wespen, Vögeln oder Fröschen bestehen, können auf eine lange Tradition von Gesang und Tanz zurückblicken, bei der die Darsteller wilde Tiere oder halbwilde Wesen verkörperten, wie oben in Kapitel 2 beschrieben. In den *Rittern* (519 ff.) erwähnt Aristophanes seinen Vorgänger Magnes, der schon 472 v. Chr. den ersten Preis im komischen Wettbewerb errang und in dessen Stücken Chöre von Lautenspielern, flügelschlagenden Vögeln, Lydern, Stechfliegen und grünen Fröschen auftraten. Wenn man an Aristophanes' *Vögel* denkt, ist es daher berechtigt, auf die Abb. 3 zurückzugehen, die der Zeit des Magnes entstammt, auch wenn sie nicht dessen Stück darstellt, von dem wir den Titel kennen (*Ornithes* kann sich auf junge Hähne oder allgemein auf Vögel beziehen).

Abb. **26** mit dem Mann, der einen Fisch rudert, läßt eine dreifache Deutung zu. Es könnte sich um ein Chormitglied handeln, auch wenn er als Einzelfigur und ohne Flötenspieler auftritt, anders als die Hähne auf Abb. **3**. Unter den Gefäßen, auf denen wie dort prä- oder protodramatische Chöre dargestellt sind, finden wir Abbildungen von Menschen, die auf Delphinen reiten, von seltsam wirkenden berittenen Soldaten (ferne Vorläufer des Chores aus den *Rittern* des Aristophanes) und von Menschen, die auf Straußen reiten. Auch der Fischruderer scheint in diese Tradition zu gehören. Sehr ähnlich unserem Gefäß – so ähnlich, daß die Vermutung zulässig ist, es habe sich um einen Satz Weinkannen zur Feier einer bestimmten Aufführung gehandelt – sind einige Fragmente, die in einem Athener Brunnen entdeckt wurden und aus der Zeit um 415/410 v. Chr. stammen. Man hat vorgeschlagen, sie repräsentierten die *Taxiarchoi* (*Kapitäne*) des Aristophanes-Zeitgenossen Eupolis. In diesem Stück wurde unter anderem Sophokles parodiert; der berühmte attische Flottenführer Phormion, der zu diesem Zweck vielleicht aus dem Reich der Toten geholt wurde, erteilte Dionysos eine Ruderstunde. »Hör auf, uns naß zu spritzen, du Mann im Bug«, lesen wir auf einem Papyrusfragment. Vieles des eben Angeführten ist Vermutung, die Ruderstunde aber zumindest ist gewiß; es überrascht nicht, wenn eine Fortsetzung dieses Motivs in Aristophanes' *Fröschen* (197 ff.) erscheint, wo Charon dem Dionysos das Rudern beibringt. Antike Gerüchte, die den Gelehrten heute noch viel zu schaffen machen, sprechen von Zusammenarbeit, von Nachahmungen, ja von reinen Plagiaten des jeweils anderen in den Werken der beiden Dramatikerrivalen; angesichts des reichen Fundus an allgemein zugänglichem Material ist die Grenze dabei aber oft schwer zu ziehen.

Zu den komischen Charakteren mit lange zurückreichender Vergangenheit (und großer Zukunft) gehört Herakles (Abb. **34**). Sein gewaltiger Appetit machte ihn zu einem natürlichen (wenn auch etwas Ehrfurcht gebietenden) Helden der Komödie, und so sehen wir ihn schon in einem Fragment des Epicharmos aus Sizilien, eines der ältesten Komödiendichter, wie er Knochen knackend, schmatzend und rülpsend beim Mahle sitzt, daß es die Zuschauer schaudert. Aristophanes erwähnt in den *Wespen* den um seine Mahlzeit geprellten Herakles als »alten Hut« (60); gleichwohl verwendet er dieses Stereotyp (durchaus typisch für ihn), wenn es ihm in den *Fröschen* (549–578) gelegen kommt. Die Gruppe früher Terrakotten, zu der die Heraklesstatuette gehört, kann als Dokument für die Kostümierung der komischen Charaktere am Ende des 5. und zu Beginn des 4. Jahrhunderts, also in den späten Jahren des Aristophanes, herangezogen werden; manch andere Charaktere reichen, wie der Herakles, noch beträchtlich weiter zurück.

Sehr oft beginnen die Dramen damit, daß jemand irgendwohin geht (beispielsweise in den *Vögeln*) oder daß Reisende ankommen, so im *Plutos*. Abb. **35** zeigt ein einschlägiges Beispiel. Der Reisende könnte uns wohl aus den Bereichen von Mythos und Phantasie in die Alltagswelt führen, die allerdings bei Aristophanes noch von Spuren des Mythos und der Phantasie durchdrungen ist. Bevor wir uns von jenen Bereichen abwenden, seien noch zwei weitere Vasenbilder herangezogen. Der rotfigurige Glockenkrater (Abb. **27**) enthält eine der aufregendsten Bereicherungen unseres Wissens, zu denen es in den letzten Jahren kam. Die sorgfältige Detailuntersuchung läßt keinen Zweifel, daß die abgebildete Darstellung die Parodie des Euripidei-

26 *Rechte Seite:*
Ein Abenteuer zur See:
Ein Mann rudert einen
Fisch

27 *Telephos auf dem Altar: die Euripides-Parodie des Aristophanes*

schen *Telephos* in den *Thesmophoriazusen* des Aristophanes (689–759) zum Thema hat. Beispielsweise trägt wie in Aristophanes' Stück der Weinschlauch, der den kleinen Telephos ersetzt, Stiefelchen (733 f.), auch ist die Frau mit dem Gefäß vorhanden, das zum Auffangen des Bluts (das heißt des Weins) von der Opferung vorgesehen ist. Es handelt sich um einen alten Witz, daß die Frauen niemals die Möglichkeit zu einem Besäufnis vorübergehen lassen; nicht der Text, wohl aber die Darstellung zeigt, daß die Frau, die mit dem Spitznamen Mikka (»Kleine«) angeredet wird, sich bei heruntergleitendem Umhang als von bemerkenswerter Häßlichkeit entpuppt.

Ein eigenartiger Zug in der Entwicklung der griechischen Komödie ist, daß Motive, die zunächst eine burleske Parodie der Tragödie waren, in dem neuen Milieu Fuß fassen und als Teil der Komödientradition fortleben; hierbei spielt die Form der mythologischen Komödie sicherlich eine wichtige Helferrolle. Die Szenen der Zufluchtsuche an einem Altar, wie in Abb. **15**, besitzen ihr komisches Gegenstück nicht nur, wie hier, in Parodien, sondern auch in Szenen des Alltagslebens, etwa in jenen mit schurkischen Sklaven, denen, wie dem Mann in der Szene aus den *Thesmophoriazusen*, der Feuertod drohen kann. Ein Beispiel aus der späteren Komödie ist eine Szene aus der *Perinthierin* des Menander, von der Teile in einem Papyrusfragment erhalten sind. Es gibt zahllose Terrakottamodelle von Figuren an Altären aus der Zeit vor und nach Menander (Abb. **41**; vgl. Kapitel 6).

Der Telephos-Krater entstand in Tarent ungefähr zwischen 380 und 370 v. Chr, etwa dreißig Jahre nach der Uraufführung der *Thesmophoriazusen*. Wir können nicht sagen, ob hier die Uraufführung oder eine spätere Aufführung des Stücks in Großgriechenland wiedergegeben ist; wir dürfen uns aber erinnern, daß der süditalische Krater, der Euripides' Satyrspiel *Kyklops* widerspiegelt, in großer zeitlicher Nähe zum Datum der Uraufführung jenes Werks entstand. Daß Szenen aus athenischen Komödien in der süditalischen Vasenmalerei zu finden sind, ist immer wieder behauptet worden. Interessanterweise gibt es nun vermehrte Beweise, daß manche dieser Darstellungen sich nicht auf zeitgenössische Stücke beziehen, sondern auf Wiederaufführungen klassisch gewordener Werke. Manchmal ist es fraglich, worauf eine Darstellung Bezug nimmt, so bei Abb. **28**. Hinsichtlich des Kentauren Cheiron wissen wir von einer Komödie *Cheirones* (»Cheiron und seine Gesellen«, nämlich der Chor) des Kratinos, eines älteren Zeitgenossen des Aristophanes. Es gab aber auch Dramen des Titels *Cheiron* von Pherekrates im 5. Jahrhundert, sowie von Kratinos dem Jüngeren im 4. Jahrhundert. Schwer zu entscheiden ist, ob sich die abgebildete Vasenmalerei auf eine mythologische Komödie im Stil des 5. Jahrhunderts oder auf eine in jenem Stil bezieht, von dem wir aus Titelangaben und Fragmenten schließen können, daß er später sehr populär war. Jene und andere vergleichbare Szenen, ob sie nun zeitgenössischen oder wiederaufgeführten Stücken entstammen, spiegeln die Praxis und die Konventionen wider, die den Käufern der Gefäße vertraut waren; hierüber wird im 6. Kapitel noch mehr mitzuteilen sein. Doch je überzeugender wir Elemente dieser Darstellungen als traditionelles Gut bestimmen können, um so näher kommen wir einer bildlichen Vorstellung vom Theater des Aristophanes.

In den *Wespen* dieses Komödiendichters gibt es ein interessantes Beispiel für eine Rollenvertauschung, bei der ein Sohn seinen betrunkenen Vater und eine Dirne von einem Gelage holt, dessen Eleganz zu wünschen übrig läßt. Der Vater sagt (1351 ff.): »Doch wenn du mir nur ein gefällig zärtlich Dirnchen wärst, / So will ich, ist mein Herr Sohn da nun gestorben erst, / Freikaufen dich, dich zum Kebschen nehmen, du süße Maus; / [...] er hat ja keinen Vater außer mir allein!« (Übers. von Droysen.) Es mag aus diesem die Verhältnisse umkehrenden Witz sowie aus weiteren Zeugnissen füglich angenommen werden, daß jene Stücke, deren Inhalt das ausgelassene Liebesleben junger Männer und die daraus erwachsenden familiären Konflikte bildeten – die Hauptthematik der Komödien im Zeitalter Menanders –, im 5. Jahrhundert schon ausgeprägter waren, als die überlieferten Texte vermuten lassen. Das wirft die Frage auf, inwieweit die auf uns gekommenen

28 »Und schieb [...]«:
Der Kentaur Cheiron in
einer uns nicht über-
lieferten Komödie

Stücke als exemplarisch gelten dürfen. Wie dem auch sei, für uns bietet diese Überlegung die Möglichkeit, zu Abb. **29** überzugehen, wo ein alter
Mann seinen Sklaven von einem Gelage weg- oder zu einem Gelage hinzieht,
statt daß der Sklave ihn ergeben begleitete. Für unsere These, daß Aristophanes' Stücke zugleich auf die Vergangenheit zurück- und auf die Zukunft vor-
ausblicken, sei an jene Szene aus den *Ekklesiazusen* erinnert (961 ff.), wo der
Liebhaber dem Mädchen an seinem Fenster ein Ständchen bringt: »Komm,

o komm! komm, o komm, süßes Lieb, / Eilig herab, die Pforte mir zu öffnen! / Doch kommst du nicht, her in den Staub bett' ich mich!« (Übers. von Droysen.) Wir können diese Szene mit Malereien verknüpfen, die sich aufs natürlichste mit Stücken einer späteren Zeit in Verbindung bringen lassen, wo ein Mann an der Tür ihres Hauses auf eine Frau einredet (Abb. **30**) oder wo der Liebhaber mit Hilfe einer Leiter zu seiner Geliebten hinaufsteigt,

29   *»Komm gefälligst mit!«: Ein alter Mann packt seinen widerspenstigen Sklaven am Handgelenk*

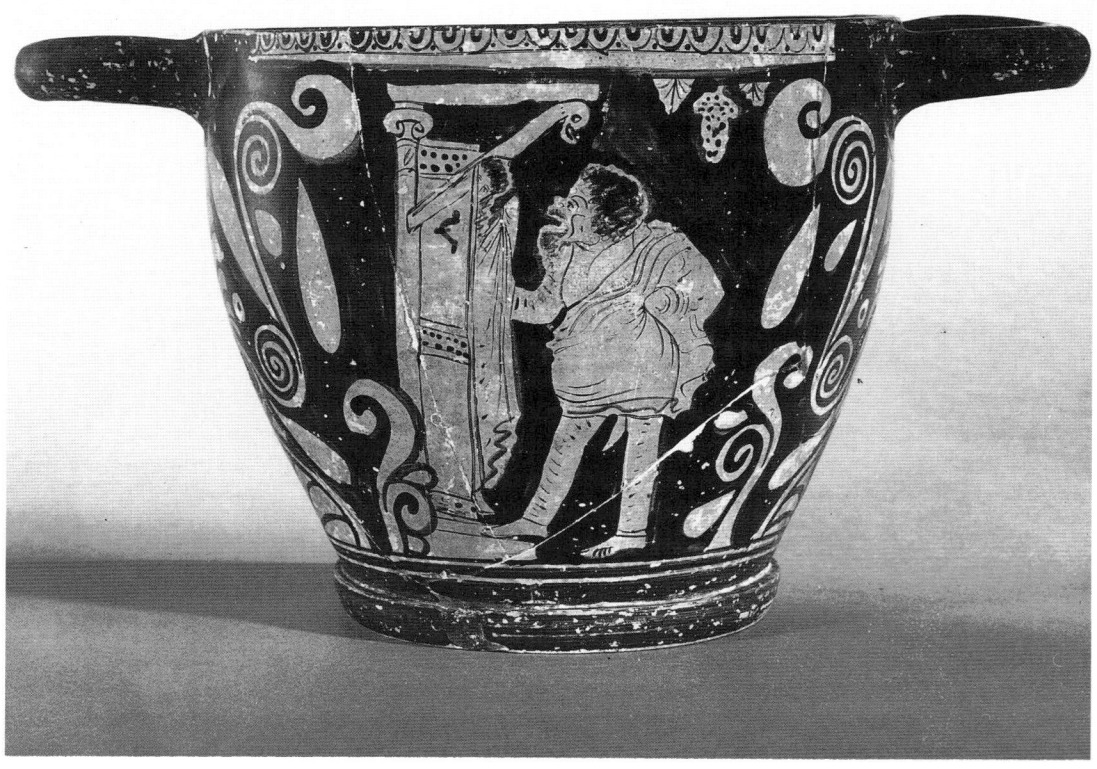

30   »Hör doch«: Ein Mann spricht auf eine junge Frau an der Tür ihres Hauses ein

während ein Gefährte Wache hält (Abb. 31). Von letzterer Darstellung gibt es eine andere Version desselben Künstlers, auf der die beiden Männer als Zeus und Hermes erkennbar sind. Damit sind wir bei jenem Stil der mythologischen Komödie angelangt, den in späterer Zeit Plautus bewahrte und neu belebte, als er ein griechisches Stück für seinen *Amphitruo* adaptierte.

65
1-3
27.

31 *Der Liebhaber hat*
die Leiter angelegt

VI

Das Theater im 4. Jahrhundert v. Chr.

Aristophanes' *Frösche* wurden im Jahre 405 v. Chr. uraufgeführt und galten schon im Altertum als der Endpunkt eines Zeitalters. Euripides und Sophokles waren im voraufgegangen Jahr gestorben, und Aristophanes wollte offenkundig der Meinung Ausdruck geben, daß es nun keine Tragiker von Rang mehr gäbe. Und tatsächlich ist uns kein einziges Stück eines griechischen Tragikers überliefert, das nach diesem Zeitpunkt entstanden wäre. Bis in die Neuzeit hinein besaßen wir auch kein vollständiges Stück eines jüngeren komischen Dichters. Man muß sich fragen, ob das griechische Theater mit dem Ende des 5. Jahrhunderts all seine Erfindungskraft einbüßte. Selbst die stereotype Darstellung der großen Dramatiker als würdiger, älterer Männer (vgl. das schöne Sophokles-Bildnis, Abb. 78) scheint die Aura einer vergangenen Epoche zu vermitteln. Je mehr wir jedoch die archäologischen Erkenntnisse hinzuziehen, desto deutlicher werden die Hinweise, daß das Theater eher an Popularität gewann, statt sie einzubüßen.

Nicht nur erfuhr das Athener Dionysostheater (Abb. 13–14) in den dreißiger Jahren des 4. Jahrhunderts unter Lykurgos einen größeren Ausbau, sondern auch in Städten wie Epidauros (Abb. 32–33), die nicht zu den wichtigen griechischen Zentren gehörten, kam es in ungefähr denselben Jahren zur Errichtung großer Theatergebäude. Man hat behauptet, daß die Form dieser Gebäude mit runder Orchestra und hoch ansteigenden Rängen darauf berechnet war, größeren Zuschauermengen bessere akustische Bedingungen zu bieten, gemäß der Theorie, daß der Schall sich kreisförmig ausbreite. Ob dies nun zutrifft oder nicht, in jedem Fall deuten jene prächtigen und aufwendigen Theaterbauten auf eine wachsende geographische Ausdehnung des Theaters und wohl auch auf eine soziale Verbreiterung seiner Trägerschicht.

Ein bestimmter Teil des archäologischen Materials führt Entwicklungen vor Augen, die schon zum Ende des 5. Jahrhunderts einsetzten. Wir meinen die Terrakottafigürchen typischer komischer Charaktere mit typisierten Masken (Abb. 34–37). Die Figuren sind unmittelbar als Sklave, alter Mann oder Kindermädchen erkennbar, und so dürfte es auch im Theater gewesen sein. Sie deuten damit auf einen neuen Komödienstil hin, der auf der Auseinandersetzung zwischen einer Reihe von stereotypen Charakteren beruhte, auf einer Art Situationskomödie. Diese Figürchen sind Einzelstücke eines in begrenzter Zahl vervielfältigten Modellrepertoires und zielen auf kein bestimmtes Drama. So findet sich beispielsweise die populäre Figur des Herakles, der sich mit übereinandergeschlagenen Beinen auf seine Keule stützt und den Bogen in der Linken hält (Abb. 34), über einen sehr langen Zeitraum, was unzweifelhaft belegt, daß ein typischer Herakles gemeint war und nicht eine bestimmte

32–33 *Rechte Seite: Das Theater zu Epidauros, spätes 4. Jh. v. Chr.*

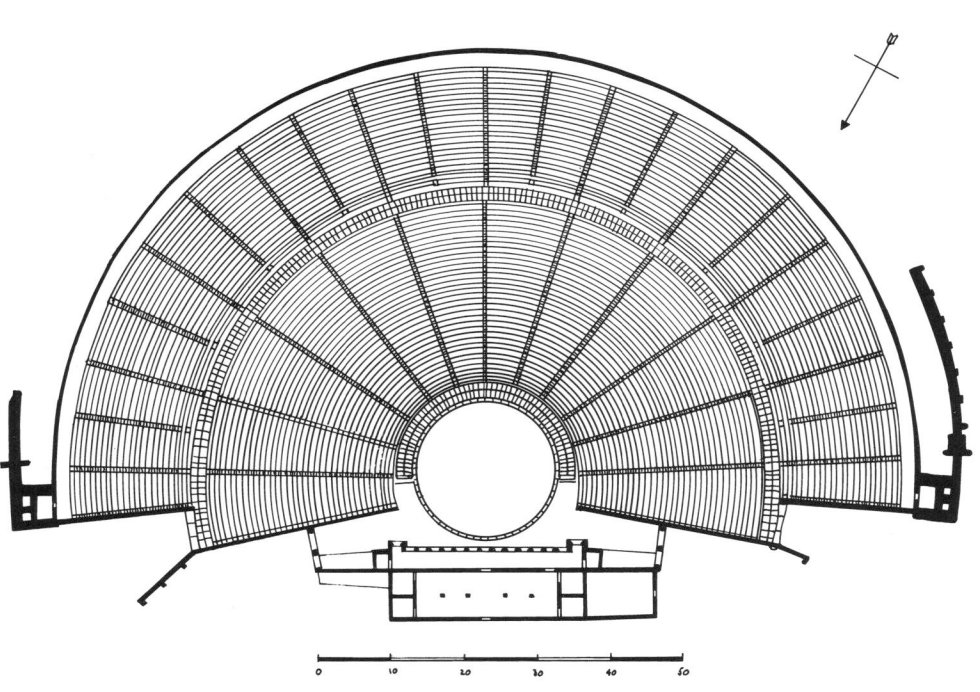

34   *Herakles, eine traditionelle Figur der Komödie*

35   *Der Reisende auf dem Marsch*

Bühnensituation. Ebenfalls ist der an seinem *pilos* (der Mütze des Reisenden) und seinem über die Schultern geworfenen Umhang erkennbare Reisende (Abb. 35) ein Typus, der in vielen Stücken denkbar ist. Die auf die Hüfte gestützte Rechte läßt ihn zwar leicht aggressiv wirken, doch reicht dies nicht aus, um ihm eine bestimmte Rolle zuzuweisen. Die anderen, so die alte Kinderfrau, die ein Baby trägt (Abb. 36), oder die junge Frau, die schamhaft ihr Gesicht unter dem Umhang birgt (Abb. 37), zeigen alle eine bestimmte Geste, die ihren jeweiligen Charakter verdeutlicht und den Figuren ihren Reiz gibt. Von der einst leuchtend bunten Bemalung dieser Figürchen sind nur Spuren erhalten.

Die Figürchen dieser Serie wurden mehr als fünfzig Jahre lang hergestellt – von Abb. 37 allein kennen wir wenigstens 16 Repliken und außerdem mehrere Varianten –, woraus sich ableiten läßt, daß sie während dieses ganzen Zeitraums als typisch für die Komödie gelten konnten. Sie belegen, welche Charaktere sich beim Publikum, das diese Figürchen als Souvenir kaufte, besonderer Beliebtheit erfreuten. Wenn diese Figürchen auch ursprünglich in Athen fabriziert wurden, wurden sie doch in den gesamten griechisch beeinflußten Kulturkreis exportiert und dort auch häufig kopiert. Das Figürchen der Amme (Abb. 36) soll aus Athen stammen; der Reisende (Abb. 35) stammt aus Tanagra in Böotien, der Herakles (Abb. 34) von der Insel Melos. Kopien und Originale derselben Serie wurden in Delphi und Korinth, auf Kreta und Rhodos, auf Thasos und in Olynth im Norden Griechenlands, in Kleinasien, Südrußland und Nordafrika gefunden, in Süditalien in Tarent und Paestum, auf Sizilien, dort vor allem in Syrakus, in Lipara und selbst noch im spanischen Ampurias. Aus dieser Verteilung wird ersichtlich, daß die attische Komödie im frühen 4. Jahrhundert schnell in einem großen Teil der griechischen Welt populär wurde. Das paßt zu dem Eindruck, den die erhaltenen Fragmente vermitteln, nach dem die attische Komödie sich zu dieser Zeit nicht mehr mit der hier und jetzt gegebenen Situation auseinandersetzte, sondern sich in allgemeiner Form menschliche Verhaltensweisen zum Gegenstand nahm.

Vielleicht sah das zeitgenössische Publikum jene Stücke als naturalistischer an als die der vorausgegangenen Generation. Das hängt immer von den Vergleichsmöglichkeiten ab. Auf uns wirken die Kostüme der Schauspieler roh und ziemlich primitiv; sie scheinen sich, von den Masken abgesehen, auch wenig gegenüber der Alten Komödie des späten 5. Jahrhunderts geändert zu haben. Noch immer wurden alle Rollen von Männern verkörpert. Ihre Bäuche und Hinterteile waren ausgepolstert, eine Tradition, die bis zu den ausgepolsterten Tänzern des 7. und 6. Jahrhunderts zurückreicht (Abb. 1, 2). Darüber trugen sie Trikots, die bis zu den Knöcheln und Handgelenken reichten, wie wir sie an Figürchen wie dem Herakles (Abb. 34) und dem Reisenden (Abb. 35) deutlich sehen können. Diese Trikots sind auf den Vasenmalereien noch besser erkennbar (vgl. Abb. 28, 30). Vielfach sehen wir die Nähte der Kostüme an Armen und Beinen (Abb. 29) oder ihre unterschiedliche Färbung (Abb. 31). An diese Kostüme war ein großer Phallos genäht, der, wie wir aus literarischen Quellen wissen, aus Leder gefertigt war. Die Figürchen und Vasenmalereien zeigen ihn manchmal in aufgerichteter (Abb. 34), manchmal in hängender Stellung (Abb. 28). Diese Bestandteile des Kostüms waren gewissermaßen die »dramatische Haut« der Schauspieler. Darüber trugen sie die ihrer Rolle entsprechenden Masken und Kleider, die bei der alten und der jungen Frau (Abb. 36, 37) naturgemäß den aufgenähten Phallos verdecken. (Diese Frauen sind nicht als schwanger zu denken, sondern tragen die typische Auspolsterung für Frauenrollen.) Das kurze Wams der Männerrollen läßt hingegen den Phallos unbedeckt. Die Männer tragen zuweilen einen Umhang oder Mantel, Herakles trägt sein Löwenfell. Oft sind die Figuren mit typischen Attributen dargestellt: der Reisende trägt Gepäck, Herakles Keule und Bogen, die Kinderfrau das Baby, ein Koch Küchengeräte oder einen Einkaufskorb und so weiter.

36   *Eine Amme mit dem Baby*

Aus gattungsbedingten Gründen können die Vasenmalereien leichter den Eindruck einer tatsächlichen Aufführung vermitteln, auch wenn abgesehen von manchen Stücken (Abb. 31, 42) ihr Farbenrepertoire beschränkt ist. Wie schon ausgeführt, gab es in Athen eine lange Tradition in der Bemalung von Gefäßen mit Szenen aus Komödien. Die Vogel-Oinochoë (Abb. 3) ist dafür ein Beispiel; sie verdeutlicht auch, daß diese Malereien, anders als die Terrakottafigürchen, eher an eine konkrete Aufführung anknüpften, als an einen typischen Charakter. Auf athenischen Vasen setzte sich diese Tradition sporadisch fort (vgl. Abb. 26). Ab dem Ende des 5. Jahrhunderts griffen aber auch die Vasenmaler anderer Zentren wie Korinth, Elis, Tarent, Paestum oder Capua diese Thematik auf. Sie gewann dort große Popularität; insbesondere aus Tarent und Capua besitzen wir reichhaltige, lebenssprühende Serien solcher Malereien. Die Gleichheit der Kostüme und Masken mit denen athenischer Terrakotten, gelegentliche Inschriften im attischen, nicht im landesüblichen dorischen Dialekt sowie zuweilen auch ein genau bestimmbares athenisches Drama als Vorlage (Abb. 27) zeigen, daß die Dramen häufig aus Athen importiert wurden. Ein Abschnitt in Platons *Nomoi* (659A–D), entstanden um die Mitte des 4. Jahrhunderts, bestätigt die weite Verbreitung und Volkstümlichkeit des Theaters in der Magna Graecia und auf Sizilien. Die Komödie, ja das Theater überhaupt, wuchs über seinen lokalen Bezug hinaus, auch wenn Athen weiterhin das dramatische Zentrum blieb und die bedeutendsten Stückeschreiber anzog. Das heißt aber nicht, daß es keine lokale Dramatik beispielsweise in Süditalien (der Komödiendichter Alexis soll aus Thurii stammen und dort die Anfänge seiner Kunst erlernt haben) oder in Korinth gegeben hätte. Ein bezeichnendes Beispiel ist die Terrakottafigur (Abb. 38) aus korinthischem Ton in einem typisch korinthischen Stil. Der Kopf wurde in einer Hohlform gepreßt und zeigt eine erkennbare Maske attischer Art, während der Körper mit der Hand geformt wurde und das gebauschte Hemd

37   *Die junge Frau versteckt schamhaft ihr Gesicht*

über dem Chiton zur Schau stellt, das für korinthische Ware dieses Zeitraums typisch ist.

Auch die Vasenmalerei verrät etwas von den Bedingungen dramatischer Aufführungen. So zeigt Abb. **28** die Stufen, die sich normalerweise im Zentrum der Bühne befanden. Diese Stufen waren aus Holz und führten auf eine niedrige hölzerne Bühne, die nach Ausweis dieses und anderer Zeugnisse

38 *Terrakottastatuette im korinthischen Lokalstil, 400/350 v. Chr.*

etwa einen Meter hoch gewesen sein muß. Die meisten Bühnen bestanden offenbar aus Holz (auch heute noch wird ja Holz für den Bühnenboden bevorzugt verwendet). In der ersten Hälfte des 4. Jahrhunderts scheinen meist noch
Pfosten den vorderen Teil der Bühne getragen zu haben, auf dem Krater aus
Paestum (Abb. **29**), der aus dem dritten Viertel des Jahrhunderts stammt, sind
dann allerdings Säulen an ihre Stelle getreten. Die Abb. **28** und **30** geben einen
Eindruck von der Bühnentür. Sie besaß einen kleinen Vorbau mit vorkragen-
dem Dach. Abb. **28** zeigt eine einfachere Version, bei der nur das Dach verziert
ist; auf Abb. **30** besitzt sie an den Seiten Säulen und einen Schwanenkopf als
Stütze. Neben der Tür befand sich ein Fenster wie auf Abb. **31**. Dieses Gefäß
stammt aus der Mitte des 4. Jahrhunderts, doch erweisen Textstellen bei Aristophanes, in den *Wespen* (379) und in den *Ekklesiazusen* (s. S. 54 f.), daß es ein
derartiges Fenster schon zu seiner Zeit gab. Zwei weitere Aspekte sind erwäh-
nenswert: Der eine ist das Fehlen eines Bühnenbilds. Das ist wichtig, weil es
uns viel über das Wesen des griechischen Theaters verrät und darüber, wie es
seine eigene Welt in der Imagination der Zuschauer entstehen ließ. Der zweite
betrifft die Requisiten. Ähnlich wie auf der Shakespearebühne waren sie be-
weglich und wurden üblicherweise im Verlauf der Aufführung auf die Bühne
gebracht oder weggetragen. Auch hier gibt wieder Aristophanes mit dem trag-
baren Altar in seiner Komödie *Frieden* (938) den Fingerzeig.

Die Vasenmaler gaben konkrete Aufführungen wieder; sie fertigten sie für
Menschen an, die die Dramen als Zuschauer erlebt hatten. Diese hatten deswegen natürlich keine Schwierigkeit, die entsprechenden Stücke wiederzuer-
kennen, weshalb der Name des Dramas auch nie angegeben wurde. Die nicht
identifizierbaren Szenen erinnern uns daran, wie gering die dramatische
Überlieferung tatsächlich ist, denn Werke wie die Szene aus den *Thesmophoriazusen* des Aristophanes (Abb. **27**) sind eine große Ausnahme. Auf der Malerei in Abb. **28** sind drei Rollenbezeichnungen beigeschrieben: »Cheiron«
heißt der alte Mann mit Stock, der die Treppe hinaufgezogen wird; »Xanthias« die Person, die ihm hinaufhilft, und als »Nymphen« werden die beiden
häßlichen alten Frauen bezeichnet, die in der Ecke oben rechts miteinander
sprechen. Xanthias ist ein gewöhnlicher Name für einen Sklaven; die Maske
mit kahler Stirn und dichtem Seitenhaar verrät, daß es sich um einen Koch
handelt. Die gleiche Maske sehen wir auf Abb. **42**. Schon auf der Bühne befindet sich der Reisesack, mit dem die beiden weißhaarigen Personen ankamen:
das dicke zusammengerollte Bett, die Trage, um es zu schultern, und ein
eimerartiges Gefäß, eine *situla*, mit der normalerweise Wein transportiert
wurde. Eine andere Version dieses Gefäßtyps sehen wir auf Abb. **29**.

Abb. **30** zeigt eine weitere Nutzungsweise der Bühnenkonventionen. Hier
versucht ein Mann, eine junge Frau zum Verlassen ihres Hauses zu bewegen.
Ihr Zögern drückt sie durch das verschämte Hochschlagen des Umhangs aus,
ähnlich wie bei dem Terrakottafigürchen Abb. **37**. Man hat in den beiden Personen ein Liebespaar vermutet, doch könnte der Mann auch ein Sklave sein,

der sich zu Gunsten seines Herrn an einer Intrige beteiligt – ein Motiv, das am Ende des 4. Jahrhunderts in der Neuen Komödie sehr beliebt wurde. Das auf einer der bekannteren Vasenmalereien des Britischen Museums dargestellte Motiv (Abb. **31**) liegt in mehreren Versionen vor. Es ist Abend (wie die Fackel beweist), der Mann kommt von einem Gelage (erkennbar an der Wein-Situla, der festlichen Schärpe und den Kränzen, die die Männer auf dem Kopf und der rechts stehende auch in der Hand tragen). Vom Wein beflügelt finden die Männer den Mut für ihren verstohlenen Annäherungsversuch. All diese Szenen geben einen Eindruck von dem lustigen, burlesken Aufführungsstil griechischer Komödien. So auch Abb. **29**, wo der alte Mann mit seinen weißen Haaren, dem langen weißen Bart, seiner Kostümierung und dem Stock Schwierigkeiten hat, seinen Sklaven zu einem Gelage mitzunehmen oder, wahrscheinlicher, ihn von einem Gelage zu holen. Die Gans ist wahrscheinlich eine Zutat des Malers, der wohl andeuten wollte, daß bereits der Morgen angebrochen ist.

Die Vasenmalereien zeigen uns konkrete dramatische Szenen; mit Hilfe der Terrakotten können wir die beliebten Charaktere und Situationen und ihre Veränderungen im Verlauf der Zeit bestimmen. In der Komödie des frühen 4. Jahrhunderts beherrschen Männer die Bühne. Beliebt ist die mythologische Burleske mit Figuren wie Herakles oder Cheiron. Man sah Streitigkeiten zwischen Herr und Sklave, hörte die Klagen von Sklaven über ihre Bürden: daß sie schwere Lasten tragen müßten oder fürchteten, verprügelt zu werden (beide Motive finden sich schon in den *Fröschen* des Aristophanes). In der Mitte und im dritten Viertel des 4. Jahrhunderts gewinnen die Frauenrollen an Gewicht, wie die attraktiver gestalteten Hetären mit ihrem reichen Kopfputz belegen (Abb. **39–40**). Auch wenn der Anteil ihrer Sprechrollen vielleicht gering war, rückten sie doch mehr und mehr ins Zentrum der Aufmerksamkeit, weshalb auch Figürchen, die sie darstellten, zu begehrten Souvenirs wurden. Wir bewegen uns auf die komplizierten Intrigenstücke der Neuen Komödie zu. In diesen Kontext gehört auch der auf einem Altar sitzende Sklave (Abb. **41**). Er hat hier Zuflucht gesucht, weil er bei einer Missetat ertappt wurde, auch wenn diese vielleicht einen guten Zweck verfolgte und man ihn mißverstand. Diese Figur ist ein Vorläufer vieler anderer, von denen wir später Beispiele zeigen (vgl. Abb. **53**, **54**, **55**, **66**). Wir können feststellen, daß sich das Kostüm allmählich verändert. Der Phallos beispielsweise tritt immer mehr zurück (vgl. Abb. **28**, **29**, **34**, **41**, **42**). Im nachhinein läßt sich das als Schritt hin zu einem größeren Realismus beschreiben, und das gleiche gilt auch für die Frauenrollen: Bei Abb. **39** und **40** gibt es kaum noch eine Bauchpolsterung. Das Bauchpolster hält sich nur bei Sklavenfiguren als eine Konvention, die erst mit der antiken Komödie selbst ausstirbt.

Abb. **42** zeigt eine schöne Darstellung eines Kochs. Die Malerei entstand kurz nach der Mitte des 4. Jahrhunderts v. Chr. Ort der Szene ist ein Heiligtum, wie die im Hintergrund aufgehängten *bukrania* (Ochsenschädel) verra-

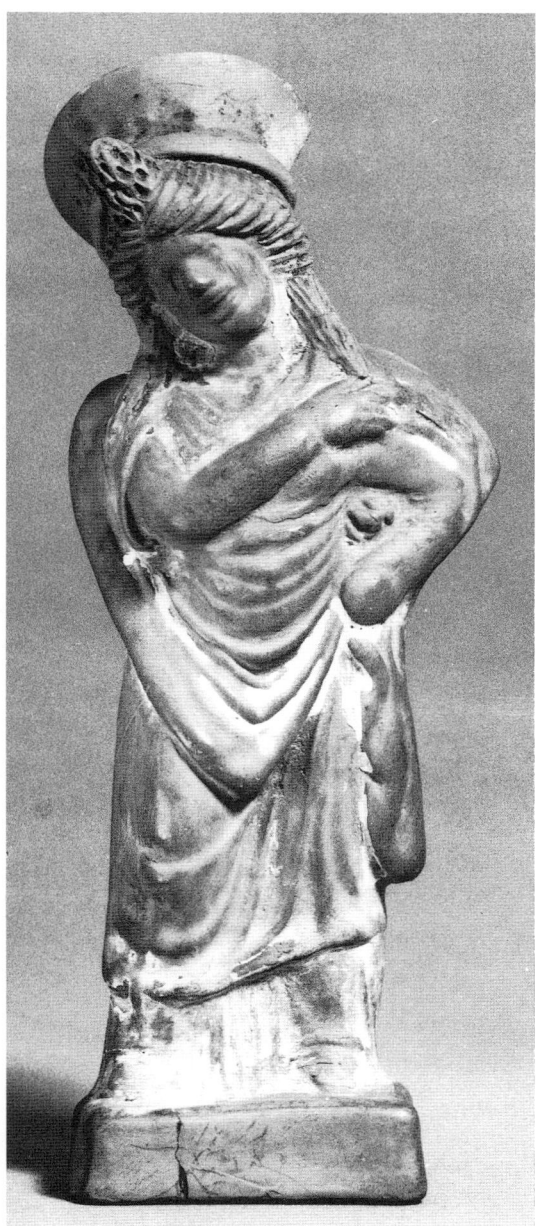

ten. Der Koch trägt die Gerätschaften für ein Fest hinaus. Eine solche Szene wird häufig mit dem Ende einer Komödie in Zusammenhang gebracht, sie paßt aber auch gut für das Gefäß, auf dem sie abgebildet ist, einen großen Weinkrater für ein Gelage – ein Aspekt der Komödie, auf den wir zurückkommen werden. Man betrachte die Komödienmaske eines alten Mannes in-

39–40 *Hetären: Liebesdienerinnen mit aufwendigem Kopfputz, 350/325 v. Chr.*

mitten von Weinranken auf einem vergleichbaren tarentinischen Gefäß aus derselben Zeit (Abb. **43**).

Es ist nicht leicht, genaueres über die Tragödie dieses Zeitraums auszumachen, doch sind einige Schlüsse auf ihre Eigenart und auf die Ursachen ihrer nicht bezweifelbaren Popularität möglich. Kein aus dieser Periode stammen-

41 *Der Sklave auf dem Altar im sicheren Gottesasyl, 330/310 v. Chr.*

des tragisches Stück blieb erhalten, obwohl es eine rege Produktion gab und manche Tragödiendichter großen Ruhm erlangten. Der jüngere Karkinos (dessen Großvater schon Tragödiendichter war und dessen Vater Xenokles im Jahre 415 v. Chr. einen Sieg über Euripides errang) verfaßte etwa 160 Stücke, Astydamas (der Aischylos zu seinen Ahnen zählte) schrieb 240, und Theodektes (der 41jährig starb) brachte es auf über fünfzig. Aufführungen »klassischer« Tragödien, vornehmlich des Euripides, waren ab 386 v. Chr. ein regelmäßiger Bestandteil der Großen Dionysien. Auch sie nahmen an Bekanntheit zu, wenn man Anspielungen und Zitaten glauben darf. Die Schauspieler traten in den Vordergrund, die am meisten bewunderten erzielten hohe Gagen, und es gibt Beweise, daß ihre virtuose Schauspielkunst ins Zentrum des Publikumsinteresses rückte.

Wie im 5. gibt es auch aus dem 4. Jahrhundert kaum Darstellungen tragischer Schauspieler in ihrer Rolle; weiterhin wird die dargestellte Szene als wirkliches Geschehnis abgebildet. Die einzige Vasenmalerei, die als Ausnahme von dieser Regel bezeichnet werden kann, ist eine Szene aus dem *König Oidipus* (Abb. **20**). Sie wurde wahrscheinlich in Syrakus kurz nach der Mitte des 4. Jahrhunderts geschaffen; in der Darstellung des Bühnenaufbaus ist sie in mancher Hinsicht den Malereien mit komischen Szenen verpflichtet.

42   *Ein Kelchkrater für ein Gelage: Der Koch bringt ein Tischchen heraus*

ΔΙΟΣ ΣΩΤΗΡ

43 *Auf diesem Weingefäß ist eine Komödienmaske inmitten von Weinranken dargestellt*

Der Bote bringt die Nachricht vom Tod des Polybos, des vorgeblichen Vaters des Oidipus. Es handelt sich um einen dramatischen Höhepunkt, denn hier setzt der unausweichliche Erkenntnisprozeß ein. Oidipus lehnt in der Mitte auf seinem Stock. Sein geneigter Kopf drückt Anteilnahme, aber keine Furcht aus. Jokaste schlägt die Hände vors Gesicht als Zeichen großer Verwirrung und übler Vorahnungen, desgleichen die Begleitperson hinter ihr. Das Kind neben Jokaste fühlt ihre Verstörung und schaut sich beunruhigt um. Der Bote steht – ungewöhnlich für derartige Darstellungen – nach vorne gewendet; obwohl seine Gesten sich an die Mitspieler richten, wendet er sich direkt an uns, sein Publikum.

Eine für das 4. Jahrhundert typischere Darstellung einer tragischen Szene sehen wir auf einem tarentinischen Volutenkrater, der etwa in den dreißiger Jahren des 4. Jahrhunderts entstand (Abb. **21**). Sie bezieht sich auf den *Hippolytos* des Euripides. Im oberen Figurenband sind eine Reihe von Göttern dargestellt, darunter Pan, Apollon, Pallas Athene, Aphrodite mit Eros, sowie Poseidon. Theseus rief im Glauben, sein Sohn Hippolytos habe seine Frau

Phaedra verführt, Poseidons Fluch auf diesen herab. Hippolytos kommt zu Tode, als seine Pferde erschreckt vor dem Bullen scheuen, den Poseidon aus dem Meer steigen läßt. Auf unserem Bild ist der Stier unterhalb des Gespannes zu sehen; rechts steht eine Furie, die in der einen Hand eine Schlange, in der anderen eine brennende Fackel schwingt. Links steht der Diener, der daheim die Ereignisse als Bote berichten wird (1173–1248). Im Theater des 4. Jahrhunderts scheinen derartige emotionsgeladene, verstörende Berichte eine Schlüsselrolle gespielt zu haben; die Darstellung verrät etwas von der Wirkung, die der Botenbericht auf das Publikum hatte.

Wir können zum Vergleich eine Szene heranziehen, die offensichtlich von der *Iphigenie in Aulis* abgeleitet ist (Abb. **22**). Gezeigt ist der hochdramatische Augenblick, wo Agamemnon mit gezücktem Opferdolch zur Opferung seiner Tochter Iphigenie schreitet, während diese von der Göttin Artemis durch eine Hirschkuh ersetzt wird. Auch dieser Vorgang wurde im Drama nicht vorgestellt: Wie bei dem vom *Hippolytos* abgeleiteten Bild ist auch hier die Erzählung in eine visuelle Darstellung umgesetzt.

Ebenfalls zum Vergleich herangezogen werden kann der tarentinische Kelchkrater, dem der Lykurgos-Maler seinen Namen verdankt (Abb. **19**). Er entstand kurz vor der Mitte des 4. Jahrhunderts. Links hinten beobachtet ein Diener die Handlungen des Lykurgos, den Dionysos mit Wahnsinn strafte, weil jener seine Anhängerinnen, die Mänaden, schlecht behandelt hatte. Im Zentrum greift Lykurgos, die Doppelaxt in der Rechten, seine Frau bei den Haaren, bereit, sie zu erschlagen. Sie ist bereits niedergesunken und blutet aus einer Wunde über der Brust. Rechts tragen zwei Diener den Leichnam seines Sohns Dryas fort. Über dieser Darstellung sehen wir eine Reihe von Göttern und eine von einem Nimbus umgebene Personifikation des Wahnsinns. Auch hierbei muß es sich um eine Szene handeln, die berichtet, aber nicht vorgeführt wurde; möglicherweise – wie S. 41 schon ausgeführt – handelte es sich um eine klassische Szene aus einem heute verlorenen Stück des Aischylos. Mit einem vorhandenen Drama, aber weniger mit einer tatsächlichen Bühnendarstellung verbunden ist der aus Paestum stammende, um die Mitte des 4. Jahrhunderts entstandene Glockenkrater des Vasenmalers Python (Abb. **24**). Er zeigt Orestes, wie er am Dreifuß in Delphi ruht, im Gespräch mit Pallas Athene, die ihm bei seinem Vorhaben in Athen beistehen wird. Rechts redet Apollon auf eine der Furien ein und verscheucht sie, die Orestes bis in dieses Heiligtum verfolgt haben, nachdem er seine Mutter Klytämnestra und deren Liebhaber Aigisthos erschlagen hatte. Eine weitere Furie ist oben zu sehen, auf dem höher gelegenen Grund oberhalb des delphischen Dreifußes. Die *Orestie* war im späten 5. Jahrhundert bereits ein altvertrautes Stück; Mitte des 4. Jahrhunderts mußte eine solche Vasenmalerei jeden sofort an Aischylos denken lassen.

Der populärste der klassischen Tragiker bei den Vasenmalern des 4. Jahrhunderts und bei ihrer Kundschaft war Euripides. Wir können hier wiederum auf Abb. **25** – ebenfalls ein Werk des Malers Python – und Abb. **23** verweisen, beides Szenen, die von Stücken dieses Dramatikers inspiriert wurden. Diese Darstellungen und viele ähnliche legen Zeugnis ab von der Achtung, die die Tragödie im 4. Jahrhundert genoß. Die gleichartige Kleidung der Botenfiguren legt nahe, daß sie uns einen Eindruck von der zeitgenössischen Kostümierung geben könnten. Über das Erscheinungsbild der anderen Charaktere des Schauspiels sind kaum Aussagen möglich, da die Maler nicht die Schauspieler, sondern die Charaktere darstellten, die der Dichter mit seinen Worten heraufbeschwor. Diese Malereien sind gleichwohl aufschlußreich, weil aus ihnen deutlich wird, welcher Stellenwert dem Emotionalen, ja Melodramatischen im Theater jener Zeit zukam. Die Beliebtheit solcher Szenen verrät zugleich, einen wie wichtigen Rang das Theater im Leben der Zuschauer einnahm.

VII

Menander und die Sittenkomödie

In seinem *Leben des Alexander* (29) berichtet Plutarch von einem bemerkenswerten Ereignis: Als Alexander der Große zu Beginn des Jahres 331 v. Chr. aus Ägypten nach Phönikien zurückkehrte, organisierte er in Tyros einen großen dramatischen Wettbewerb. Als Geldgeber traten die Könige der Kyprier auf; die Starschauspieler jener Zeit nahmen teil, und keine Kosten wurden gescheut, um im Wettstreit zu siegen. Dieses Ereignis ist auch noch aus anderen Gründen bemerkenswert: Bei den Griechen waren derartige Wettkämpfe Teil des lokalen städtischen und religiösen Festkalenders. Auf dem Feldzug gab es aber keine solche Lokaltradition. Alexander bot also seinen Truppen etwas zur Unterhaltung und einte sie zugleich durch eine Veranstaltung, die ihre gemeinsame griechische Identität demonstrierte. So wie sie alle, trotz verschiedener Dialekte, griechisch sprachen im Gegensatz zu den Sprachen der Barbaren, so war auch das Theater ein Merkmal, das die Griechen von den Barbaren unterschied. Daß Alexander zu diesem Zeitpunkt seines Feldzugs einen dramatischen Wettbewerb organisierte, war ein wohlüberlegter, kluger politischer Schachzug.

Vielleicht erinnerte sich Alexander an Archelaos, einen seiner Vorgänger, der einst sowohl den athenischen Tragiker Agathon wie auch den alten Euripides an den makedonischen Königshof nach Pella eingeladen hatte, so wie früher Hieron von Syrakus Gastgeber des Aischylos gewesen war. Plutarch erwähnt insbesondere die Aufführung von Dithyramben und Tragödien. Die Tragödien waren, als klassische Stücke, die den meisten Zuschauern bekannt waren, bei dieser Veranstaltung von besonderer Relevanz. Komödien erwähnt Plutarch nicht, doch hätte es ohne ihre Berücksichtigung keinen regelrechten Dramenwettbewerb gegeben. Denn in jenen Jahren schickte sich die Komödie an, den Vorrang unter den dramatischen Gattungen einzunehmen.

Menanders erste Komödie wurde im Jahre 321 v. Chr. in Athen uraufgeführt; in seiner dreißigjährigen Laufbahn soll er etwas mehr als hundert Stücke verfaßt haben. Auch wenn er (darin Euripides vergleichbar) in seiner Lebenszeit nur verhältnismäßig wenige Siege erringen konnte, gewann er später (wiederum wie Euripides) unter den Theaterzuschauern und Lesern in der gesamten antiken Welt eine hohe Popularität. Einige seiner Stücke wurden vielleicht noch im 5. Jahrhundert n. Chr. aufgeführt, und noch im 7. Jahrhundert wurden Menandertexte abgeschrieben. Dann aber brach die Überlieferung ab. Menanders Einfluß auf das moderne Theater erfolgte darum nur mittelbar über seine lateinischen Nachfolger Plautus und Terenz, denen ein günstigeres Überlieferungsschicksal beschieden war. Es gehört zu den aufregendsten Leistungen der Altertumswissenschaft des 20. Jahrhunderts, daß es ihr gelang, beträchtliche Teile einzelner menandrischer Komödien aus Papyrusfunden zurückzugewinnen.

Terrakotten und andere Objekte vermitteln einen Eindruck davon, wie die Neue Komödie des Menander auf der Bühne wirkte. Sie verraten teilweise auch, wie das Publikum reagierte, was es als Souvenir begehrte und was dieses Theater für seinen Alltag bedeutete. Statistische Auszählungen ergeben folgendes Bild: In den 75 Jahren bis etwa 325 v. Chr. herrschten Terrakottafigürchen und Vasenmalereien vor, auch wenn die Nachbildungen von Masken langsam zunahmen. Aus den 75 Jahren nach 325 v. Chr. sind ungefähr dreimal so viele Masken wie Statuetten überliefert. In der früheren Zeit, so können wir verallgemeinernd schließen, standen die komischen Handlungen auf der Bühne sowie die Typen, die sie aufführten, im Mittelpunkt des Interesses. Die Terrakottafigürchen repräsentierten beliebte Charaktere, die Vasenbilder die besonders amüsanten Situationen. Der Besitz der Nachbildung einer Maske oder eines ganzen Maskensatzes deutet auf ein Interesse an etwas ganz anderem, an einem Drama von größerer Komplexität hin, in dem die Charaktere, welche die Masken repräsentieren, miteinander agierten. Man interessierte sich nun weniger für die Turbulenz des aktuellen Bühnengeschehens als vielmehr für eine verwickelte Fabel und einen geschickten Aufbau der dramatischen Handlung. Als Ergebnis entstand eine subtilere und ausgefeiltere Form der Komödie.

Bei den Masken finden wir eine größere Typenvielfalt mit einer Reihe von Untertypen, die es ermöglichen, verschiedene Charakterkategorien zu unterscheiden. Es gibt beispielsweise sechs verschiedene Versionen von Masken, die junge Männer bedeuten, und mindestens ebenso viele junger Frauen, ungerechnet noch die Masken junger Sklavinnen. In dieser Häufung verrät sich das Interesse an Handlungen, die sich mit der jungen Generation und insbesondere mit dem Thema der Liebe beschäftigten.

Das Publikum erkannte diese Masken sofort, ob es ihnen auf der Bühne oder anderswo begegnete. Das hatte seinen Grund teilweise in der Vertrautheit mit ihnen und in der wichtigen Rolle, die dem Theater im gesellschaftlichen Leben zukam, doch reichen die Implikationen noch weiter. Das Zeitalter kennzeichnete insgesamt ein verstärktes Interesse an der Definition des Charakters (man denke etwa an Theophrasts *Charaktere*); es gab Ansätze zu einer Physiognomik, die Charakter und Erscheinungsbild miteinander verknüpfte. Gewelltes Haar galt beispielsweise als Anzeichen für einen extrovertierten Charakter; es wurde mit der Mähne des Löwen verglichen. In diesem Kontext entwickelte sich auch eine realistische Porträtkunst. Die Masken wurden als physische Bekundungen des Charakters verstanden, den sie repräsentierten. Der Komödiendichter schuf seine Fabeln vor diesem Hintergrund feststehender visueller Konventionen. So können wir erkennen, daß Menander zuweilen mit der Erwartungshaltung seines Publikums spielte, indem er einen Charakter sich untypisch verhalten ließ. Beispielsweise erweist sich der Soldat Polemon in der Komödie *Perikeiromene* (*Die Geschorene*) als von anderer Wesensart als der erste Eindruck seiner mit Locken besetzten Maske, sein Schwert, der Militärmantel und sein martialisches Gehabe vermuten ließen.

Dies sind die Prinzipien, die der berühmten späthellenistischen Komposition zugrunde liegen, welche das Marmorrelief (Abb. 44) zeigt. Die Einzelheiten der Interpretation sind umstritten, doch steht fest, daß wir die Ankunft eines gealterten, vielleicht auch trunkenen Dionysos mit seinem Gefolge, das aus Satyrn und einem alten Silen besteht, an einem Ort erblicken, der möglicherweise ein Heiligtum bezeichnet. Links ruht ein Komödiendichter auf seinem Lager; er verrät durch seine Gesten sein Erstaunen ob der Ankunft der Götter. Als Komödiendichter bezeichnet ihn der Satz von Masken in der Kiste zu seinen Füßen – Masken eines jungen Mannes, einer jungen Frau, eines Sklaven und eines alten Mannes oder eines zweiten Sklaven.

Beim Versuch, die Einstellung der Griechen zum Theater nachzuvollziehen, dürfen wir nicht vergessen, daß das Publikum seinen Eindruck unmittelbar erfuhr, ohne die Vermittlung über Kritiken in Zeitungen, Zeitschriften, Radio oder Fernsehen. Für dieses Publikum war das Theater der Hauptlieferant künstlich erschaffener Bilder und Vorstellungen. Die Bilder, die das Theater erzeugte, waren deswegen besonders geeignet, Eindruck zu machen und im Gedächtnis haften zu bleiben. Das Publikum war, wie wir oben bei der Betrachtung des Theaters des 5. Jahrhunderts gesehen haben, sehr wohl in der Lage, die Gestaltung eines Motivs durch den einen Dichter mit der Ge-

44 *Dionysos besucht den Komödiendichter, Marmorrelief*

staltung durch einen anderen zu vergleichen, eine Fähigkeit, welche die Dramatiker für sich ausnutzen konnten, etwa Plautus, der den Jüngling Charinus im Prolog des *Mercator* sagen läßt: »Nicht mach ich's, wie man's sonst in den Komödien macht, / Wo der Verliebte bald der Nacht und bald dem Tag, / Ja selbst der Sonne und dem Mond sein Elend klagt, / [. . .] Ich will lieber euch erzählen, was mir Kummer macht.« (Übers. von Wilhelm Binder, bearb. von Walther Ludwig.) Mehr als einmal hatte Menander ein Stück damit begonnen, daß ein Liebhaber die Nacht anrief, so vor allem in einer berühmten, vor kurzem wiederentdeckten Szene der Komödie *Misumenos* (*Der Mann, den sie haßte*). Es ist durchaus wahrscheinlich, daß die zitierte Anspielung nicht Plautus' Eigentum war, sondern auf Menanders Rivalen Philemon zurückzuführen ist, den Autor des ursprünglichen Stücks, welches Plautus für sein römisches Publikum adaptierte.

Bei den Maskennachbildungen stellt sich die Frage, wo und wie sie verwendet wurden. Die Terrakottamaske (Abb. **45**) mißt vom Kinn bis zum Scheitel etwa 9 Zentimeter. Sie stellt die beliebteste Hetärenmaske dar, kennt-

45–46 *Miniaturmasken einer Hetäre (unten) und eines alten Mannes (rechte Seite)*

lich an den hochgesteckten Haaren, dem festlichen Efeukranz und dem vollen, pausbackigen Gesicht, das offensichtlich bei Hetären geschätzt war. (Die »anständigen« Frauen besitzen schmalere und feinere Gesichtszüge.) Von der Gesichtsbemalung ist nicht sehr viel erhalten, doch scheinen Augenbrauen und Wimpern schwarz und die Haare rot gewesen zu sein. (Brave Athenerinnen hatten schwarze Haare.) Das Stück entspricht in der Form genau einer Theatermaske; man konnte es entweder flach hinlegen oder zu Hause an der Wand aufhängen. Gleiches gilt auch für die Maske des typischen alten Mannes aus der Komödie (Abb. 46).

Abb. 47 zeigt den Anhänger eines goldenen Ohrrings von etwas unter 2 Zentimeter Höhe. Er besitzt die Gestalt eines Eros, der die Maske eines Sklaven oder eines alten Mannes hält. Ein Ohrring mit einem Eros als Anhänger ist zweifellos ein geeignetes Geschenk für eine geliebte Frau. Weniger verständlich ist, wieso der Eros eine Maske bei sich trägt. Die Antwort mag in einer oder in beiden der folgenden Richtungen zu finden sein: In Athen war der übliche Ort, wo man, außer im Theater, Masken begegnen konnte, das Heiligtum des Dionysos. Dort wurden sie dem Gott nach der Vorstellung zum Opfer geweiht. Masken wurden daher allgemein mit dem Heiligtum assoziiert. Das Heiligtum war auch der Ort der Feier nach der Aufführung, an

47 Der Anhänger eines Ohrrings zeigt einen Eros mit einer Komödienmaske

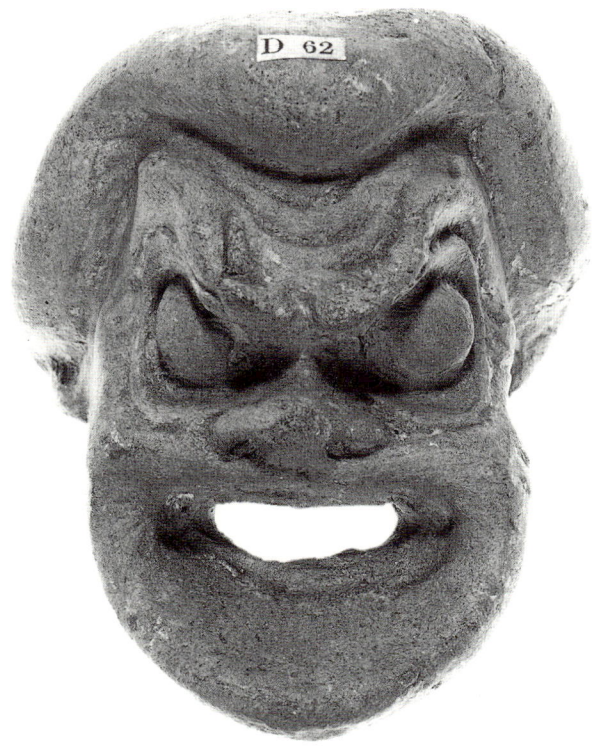

der gewiß die Mitspieler (s. die Pronomos-Vase Abb. 5) und wahrscheinlich noch verschiedene weitere Personen teilnahmen. So wurden Masken dann überhaupt mit Gelagen, ausgelassener Fröhlichkeit und Festen in Verbindung gebracht, zumal die Masken der Komödie, da Komödien regelmäßig mit einem Festschmaus endeten. Ein gutes Beispiel für diesen Zusammenhang ist die bald nach der Mitte des 4. Jahrhunderts v. Chr. entstandene Vase aus Tarent (Abb. 43), die eine unter Weinranken aufgehängte Maske eines alten Mannes zeigt. Die Darstellung von Weinranken betont die Verbindung mit Dionysos, dem Gott des Weins, und mit dem Getränk, das er der Menschheit bescherte. Es wurde üblich, den Festraum für ein Gelage wie das Heiligtum des Dionysos mit Masken, Weinranken und Girlanden zu schmücken. Auf diese Weise wurden Masken zu einem Symbol für Ausgelassenheit und Feste. So erblicken wir die Maske eines alten Mannes auf einem billigen, in einer Preßform hergestellten Trinkgefäß aus der ersten Hälfte des 2. Jahrhunderts v. Chr. (Abb. 48). Das Theater greift über seine eigentliche Form hinaus, indem seine Bilder zu einem Bestandteil des Alltagslebens werden.

Noch zur Zeit Menanders oder bald nach seinem Tod entstand eine wichtige Serie von Gemälden, die Schlüsselszenen aus seinen Komödien festhielten. Aus den Quellen ist ersichtlich, daß die Malerei das wichtigste künstlerische Medium der Epoche war, doch ist uns kein Original jener Bilder erhalten, und wir wissen auch nichts von ihrem Kontext oder ihrer Funktion.

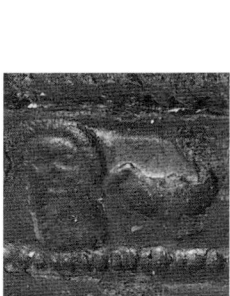

48 *Die in der Form hergestellte Schale ist mit Komödienmasken in Flachrelief geschmückt*

49 *Schwatzende Frau: moderner Abguß einer antiken Form, etwa 300 v. Chr.*

Bekannt sind sie uns hauptsächlich aus Kopien, die in anderen künstlerischen Medien ausgeführt wurden. Eines der besten Beispiele ist ein Mosaik (Abb. **50**), das Dioskurides von Samos in der zweiten Hälfte des 2. Jahrhunderts v. Chr. schuf. Mit einem passenden Gegenstück wurde es von einem pompejanischen Villenbesitzer erworben und in seinen Fußboden eingelassen. Es stellt die namensgebende Eröffnungsszene von Menanders Komödie *Synaristosai* (*Die Frauen beim Frühstück*) dar, die Plautus in seine Bearbeitung unter dem Titel *Cistellaria* übernahm. Das Mosaik ist sorgfältig ausgeführt und wahrscheinlich eine gute Reproduktion des originalen Gemäldes. Zur Rechten sitzt eine alte Frau in gelbem Umhang auf dem einen Ende der Sitzbank. In der einen Hand hält sie ein prächtiges silbernes Trinkgefäß. Ein junges Mädchen (ohne Maske) steht aufwartend neben ihr. (Aus weiteren Zeugnissen ist bekannt, daß Nebenfiguren dieser Art ohne Masken auftraten.) Neben der alten Frau sitzt hinter dem Tisch eine jüngere Frau, eine *pseudokore*, die ebenfalls einen gelben Umhang trägt. (Die *pseudokore* oder »falsche Jungfrau« ist in der Komödie eine junge Frau mit einem Geheimnis. Unsere *pseudokore* hat einen Liebhaber, den sie am Ende der Komödie heiraten wird.) Links sehen wir, auf einem separaten Hocker mit aufwendigem Überzug sitzend, eine Hetäre, die ihre Hände zusammenschlägt. Die

50 »*Solch ein feines Mahl hat es gegeben [. . .]*«: *Szene aus dem ersten Akt von Menanders* Synaristosai, *Mosaikkopie, um 100 v. Chr.*

Gesichtsmaske der alten Frau ist dunkler als die der beiden anderen; ihre Maske entspricht der des Figürchens auf Abb. **49**. Diese Statuette ist der moderne Abguß von einer antiken Form aus dem Besitz des Britischen Museums. Diese Form stammt aus Tarent, ist aber wahrscheinlich ihrerseits von einem athenischen Figürchen aus der Zeit Menanders genommen. Die Frau ist in vorwärts gerichteter Bewegung dargestellt; in ihren Umhang gewickelt, unter dem die krausen Haare hervortreten, hält sie den Kopf zur Seite, als wenn sie in einem angeregten Gespräch begriffen wäre. Dieselbe Charakteristik verrät das Mosaik: Die alte Frau beugt sich mit dem Trinkgefäß in der Hand vor und bestimmt offenbar das Gespräch.

In einer wichtigen Serie von Mosaiken, die vor einigen Jahren in Mytilene auf der Insel Lesbos entdeckt wurden, findet sich eine spiegelbildlich verkehrte Kopie des gleichen Originals (Abb. **51**). Dieses Mosaik ist sehr viel spä-

51 Eine Variante derselben Szene wie in Abb. 50, um oder nach 350 n. Chr.

ter entstanden, wahrscheinlich in der zweiten Hälfte des 4. Jahrhunderts n. Chr., also etwa 450 Jahre nach der Kopie des Dioskurides und etwa 600 Jahre nach der Entstehung des Originals. Dieses Mosaik verrät uns sowohl etwas über die Erscheinungsweise und den Aufführungsstil jener Zeit, als auch über die Veränderung in den Darstellungskonventionen der bildenden Kunst. Anders als bei Dioskurides sind das Stück und die Szene in der Beschriftung angegeben, ebenso auch die Namen der Charaktere: Philainis heißt die alte Frau, Plangon das junge Mädchen und Pythias die Hetäre; bei Plautus heißen sie Lena (»Kupplerin«), Selenium und Gymnasium.

Die Gruppe der drei Frauen ist nur klein, wenn man die Größe der athenischen Bühne bedenkt. Da die Szene wahrscheinlich im Innern des Hauses stattfinden soll, ist es nicht undenkbar, daß sie auf der *ekklema* gespielt wurde, jener Plattform, die aus der Tür in der Mitte der Szenenwand herausgerollt werden konnte (s. S. 38). Wir wissen aus anderen Hinweisen, daß Menander sie benutzte, und es gibt Anspielungen auf sie im *Dyskolos* (690, 758).

Gemälde dieser Art besaßen einen bedeutenden Platz in der Ikonographie des komischen Theaters. Für uns mag es überraschend sein, daß sie nicht nur in zweidimensionalen Medien wie dem Mosaik kopiert wurden, sondern daß man sie auch in dreidimensionale Versionen, nämlich in Bronze- oder

52 Der alte Kuppler, eine Figur, die dem jungen Liebhaber von Herzen verhaßt ist

53 *Der Sklave auf dem Altar, Vase aus Terrakotta*

Tonfigürchen umsetzte. Abb. **52** ist möglicherweise in einem solchen Zusammenhang zu sehen. Jenes Figürchen gehört der bekannten Serie an, die im letzten Jahrhundert im kleinasiatischen Myrina entdeckt wurde. Von diesem Beispiel gibt es Repliken in Athen und im Pariser Louvre. Abgebildet ist der Bordellwirt, eine Figur, die in der fortgeschrittenen hellenistischen Zeit häufig dargestellt wurde. Sein linkes Bein greift nach vorn aus, die Figur ist in einen langen Mantel eingewickelt. Aus anderen Versionen ist uns bekannt, daß seine rechte Hand erhoben war; der breite grinsende Mund und die zur Grimasse verzogenen Gesichtszüge waren typische Merkmale dieses Charakters. Zur Entstehungszeit der Statuette wurde der Bart in der Wiedergabe bereits auf ein paar Korkenzieherrillen reduziert. Unser Beispiel dieses Typus trägt einen großen, aufwendigen Kranz mit herunterhängenden Bändern, die verdeutlichen, daß der Bordellwirt Teilnehmer eines Gelages ist. Aus erhaltenen Farbspuren ist ersichtlich, daß die Figur ein rotbraunes Gesicht und einen weißen Bart hatte; ihr Umhang war blaßblau, der Chiton (das Untergewand) von gelber Farbe.

Auch das Objekt, das als Sockel für eine Lampe diente (Abb. 53), leitete sich wahrscheinlich von einem früheren Original, möglicherweise einem Gemälde, her. Angefertigt wurde das Figürchen des auf einem Altar hockenden Sklaven in Kampanien gegen Ende des 2. Jahrhunderts v. Chr. Obwohl die Maske den Stil der Herstellungszeit verrät (in der Form des halbkreisförmigen Mundes mit deutlich markierter, geriefelter Umrandung), verweisen die fetten gerundeten Beine und der ausgestopfte Bauch deutlich auf die älteren Exemplare dieser Figur aus der Zeit des Frühhellenismus.

Die angeführten Gegenstände verdeutlichen, wie wichtig es ist, die ikonographischen Traditionen in der Wiedergabe von Objekten zu erkennen, die mit dem Theater in Zusammenhang stehen. Diese geben uns nicht allein eine deutlichere Vorstellung von den formalen Ursprüngen einer bestimmten Figur oder eines bestimmten Motivs, sondern zunächst einmal vor allem davon, warum und wie ein bestimmtes Motiv in Gebrauch kam. Daraus läßt sich die Vielfalt der möglichen Bedeutungen ermessen, die dieses Motiv zu einer bestimmten Zeit und an einem bestimmten Ort annehmen konnte. Wenn man darüber hinaus bedenkt, wie antike Theaterstücke inszeniert wurden, können wir über die Entwicklung der Motive in den bildkünstlerischen Objekten auch Rückschlüsse auf die Verwendung derartiger Motive auf der Bühne ziehen. Die auf einem Altar sitzende Figur hat, wie wir schon sahen, eine sehr lange Bühnengeschichte; dieses Motiv wurde von den Dramatikern ganz verschieden behandelt, wenn sie es, im Wettstreit miteinander, aufgriffen und modifizierten. Die Person auf dem Altar sucht Schutz bei dem Gott, dem der Altar gehört. Solange es anderen nicht gelingt, den Asylsuchenden von dort wegzubringen, darf ihm kein Leid geschehen, weshalb er mit seinen Gegnern die Bedingungen aushandeln kann, unter denen er bereit ist, das Gottesasyl zu verlassen. Unser frühestes Beispiel dieses Motivs zeigte die athenische Vase aus der Mitte des 5. Jahrhunderts (Abb. 15), auf der Telephos mit Orestes auf dem Altar sitzt. Hier scheint, wie ausgeführt, ein Bezug auf Aischylos vorzuliegen, der das Motiv auch, auf Orestes bezogen, in den *Eumeniden* verwendete (Abb. 24). Der Altar konnte aber auch Ort eines Menschenopfers sein, wie in der Darstellung, die wahrscheinlich Euripides' *Oineus* gilt (Abb. 25). Aristophanes parodierte Euripides' Version des Telephosmythos sowohl in den *Acharnern* von 425 v. Chr. als auch in den *Thesmophoriazusen* (Abb. 27). Ob Aristophanes der erste war, der dieses Motiv in die Komödie einführte, wissen wir nicht, doch lassen Vasenmalereien und Terrakottafigürchen keinen Zweifel daran, daß es in der Komödie des 4. Jahrhunderts sehr häufig benutzt wurde. Zu Anfang suchen sowohl Sklaven als auch Freie das Asyl des Altars, doch nach der Mitte des 4. Jahrhunderts v. Chr. sind fast ausnahmslos Sklaven dargestellt. Das Athener Figürchen auf Abb. 41 ist ein gutes Beispiel aus der Zeit des Übergangs von der sogenannten Mittleren zur

54–55 *Sklaven auf dem Altar, Bronzefigürchen und Marmorstatuette*

Neuen Komödie. Der Reiz dieses Motivs lag wohl darin, daß der Sklave sich der Autorität widersetzt (zweifellos war er ein Liebling des Publikums); in der Spannung zwischen seinen Absichten und der ihm drohenden Gefahr sowie in der Ungewißheit, wie es ihm wohl gelingen könnte, der verdienten schweren Bestrafung zu entgehen. Abgesehen von einem Fragment aus der *Perinthierin* wissen wir wenig darüber, wie Menander dieses Motiv benutzte, doch dürfen wir sicher sein, daß er ihm, bei voller Kenntnis der Art und Weise, wie andere Dramatiker es eingesetzt hatten, neue, überraschende Wendungen abzugewinnen verstand. Die vorhandenen Objekte sprechen jedenfalls dafür, daß ihm dies bei mehr als einer Gelegenheit gelang. Weitere Versionen dieses Themas zeigen die Abb. **53**, **54**, **55** und **66**. Wir haben sie ausgewählt, um zu zeigen, wie verschiedene Materialien zu seiner Darstellung verwendet wurden, und an welchen unterschiedlichen Gebrauchsgegenständen es als Schmuck Anwendung finden konnte.

56–57 *Obere Reihe: Münzen aus Athen, geschlagen wahrscheinlich 101 v. Chr., mit Darstellung des maskenhaltenden Dionysos*

58–59 *Untere Reihe: Römische Münzen des Jahres 67 v. Chr.: Die Musen der Komödie und der Tragödie mit ihren Masken*

Um noch einmal kurz auf die Masken zurückzukommen: Ab dem 4. Jahrhundert war der Masken haltende Dionysos ein beliebtes Motiv, das die Athener Münze wahrscheinlich 101 v. Chr. auf einem schönen Satz von Silbertetradrachmen festhielt (Abb. **56, 57**). Ein weiteres populäres Motiv, das sich in der hellenistischen Zeit entwickelte, war das einer Muse, die mittels der Maske, die sie in der Hand hält, identifiziert werden konnte. So blickt Melpomene (Abb. **68**), die Muse der Tragödie, auf eine Tragödienmaske als Symbol ihrer Kunst und der Inspiration, die sie dem dramatischen Dichter verleiht. Der Römer Pomponius Musa gab im Jahre 67 v. Chr. eine Serie von Silbermünzen heraus, die – angesichts seines Namens wohl nicht zufällig – mit Musen geschmückt waren (Abb. **58, 59**). Wiederum hält hier Melpomene eine Tragödienmaske, während Thalia eine sehr große Komödienmaske eines Sklaven präsentiert. Man hat vermutet, daß diese Musen Abbildungen einer Statuengruppe darstellen, die Pomponius in Ambrakia erbeutet hatte. Jene Statuen gehörten der späthellenistischen Zeit an, und es fällt nicht leicht, festzustellen, wann dieses Motiv zuerst auftrat. Abb. **60** zeigt eine schöne Terrakottastatuette der frühhellenistischen Zeit, die vielleicht aus Tanagra stammt. Die junge Frau hält eine Komödienmaske in der Hand, doch sie präsentiert sie nicht, sondern trägt sie wie einen Gegenstand des täglichen Gebrauchs. Vielleicht sollte eine Tempeldienerin dargestellt werden, vielleicht aber auch einfach nur eine junge Frau, die die Maske als ein konventionelles Glückssymbol bei sich hat.

60 *Linke Seite: Eine junge Frau trägt eine Maske, böotische Statuette, vielleicht aus Tanagra*

VIII

Die Traditionen des abendländischen Theaters

Im ersten Buch von Vergils *Aeneis* richtet Aeneas, den seine Mutter Venus in eine Wolke eingehüllt hat, seinen Blick auf die Maßnahmen Didos zum Aufbau Karthagos. Mauern werden gezogen, Tore und Straßen errichtet, Häfen ausgeschachtet und andere legen »tief die Fundamente für ein Theater und hauen riesige Säulen aus dem Fels, hochragenden Schmuck für die künftige Bühne« (427–429; übers. von Edith und Gerhard Binder). Das Karthago Didos ist eine Präfiguration des augusteischen Rom und vieler Städte in den Provinzen des Römischen Reiches, in denen das Theater ein Zeichen bürgerlichen Stolzes und kaiserlicher Prachtentfaltung war. Als Beispiel zeigen wir das Theater im südfranzösischen Orange (Abb. **61**, **62**), dessen aufragende Fassade mit einer Statue des Augustus geschmückt ist. Doch wir hätten ebenso gut das Theater von Aspendos nehmen können, das fast ebenso aussieht, obwohl es in der anderen Hälfte des Reiches lag.

Diese Theaterbauten bestachen durch ihre eindrucksvolle Konstruktion. Sie bedienten sich der römischen Technik des Betongewölbes zum Aufnehmen der Sitzreihen, während die Räume unterhalb dieser Gewölbe eine bequeme Erschließung gewährten. Indem das Bühnenhaus die gleiche Höhe wie die Zuschauerreihen annahm und beide Elemente zu einer kohärenten Einheit zusammengeschlossen waren, wurde das Theater in diesen Bauten, zum ersten Mal in der Geschichte des Abendlandes, zu einem umfriedeten Raum, einer eigenen, nach außen abgeschlossenen Welt. Die Aufmerksamkeit des Publikums war ganz auf die Bühne gerichtet, allenfalls noch auf die oben mit Statuen der kaiserlichen Familie oder wichtiger Würdenträger und mit Allegorien geschmückte Fassade des Bühnenhauses.

Abgesehen von der wichtigen Rolle der römischen Theater als Instrument der kaiserlichen Propaganda ist nicht ganz eindeutig, was in diesen Gebäuden veranstaltet wurde. Sie dermaßen prächtig auszustatten, hätte der Anlaß gefehlt, wenn sie nicht große Besuchermassen angelockt hätten. Wir können aber nicht annehmen, daß die römische Plebs in hellen Scharen gekommen wäre, um ein Drama des Euripides im Original oder auch nur in lateinischer Übersetzung anzuschauen. Die Plebs begeisterte sich für Jongleure und Akrobaten, Mimen und Pantomimen und verschiedene andere Formen leichter Unterhaltung. Daß Augustus das sogenannte Theater des Marcellus (13 oder 11 v. Chr.) mit großen Marmorrepliken etwa 300 Jahre alter frühhellenistischer Masken schmücken ließ, war eine politische Maßnahme. Augustus knüpfte hier an die klassische Vergangenheit ebenso an wie auf dem Forum, das mit Karyatiden geschmückt wurde, wie sie das Erechtheion auf der Athener Akropolis zieren. Die klassische Vergangenheit diente der Beschwö-

61 *Rechte Seite:*
Das Theater von Orange,
Mitte des 1. Jh.s n. Chr.

0 1 2 3 4 5 6 7 8 9 10 20 m

0 1 2 3 4 5 6 7 8 9 10 20 m

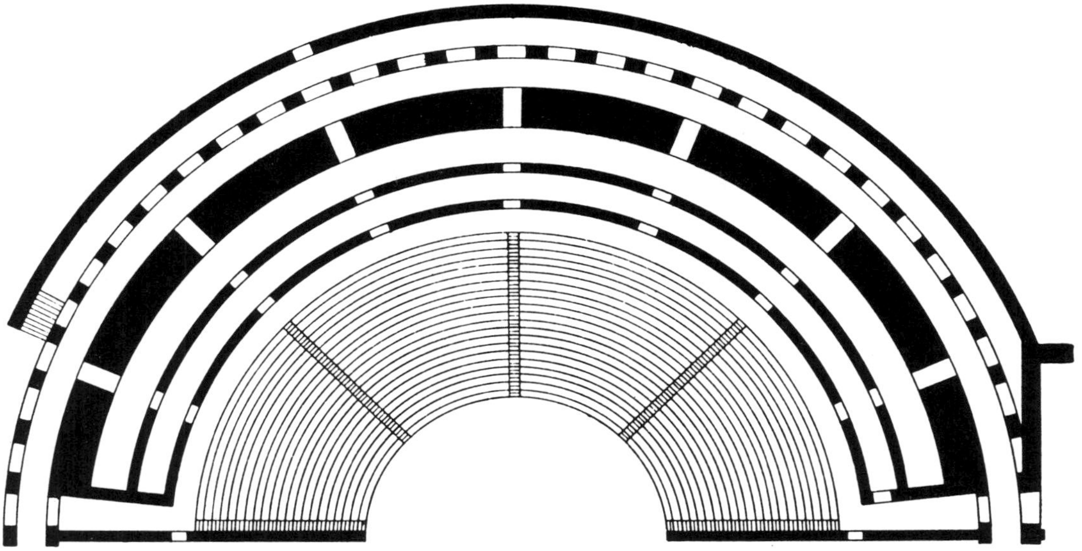

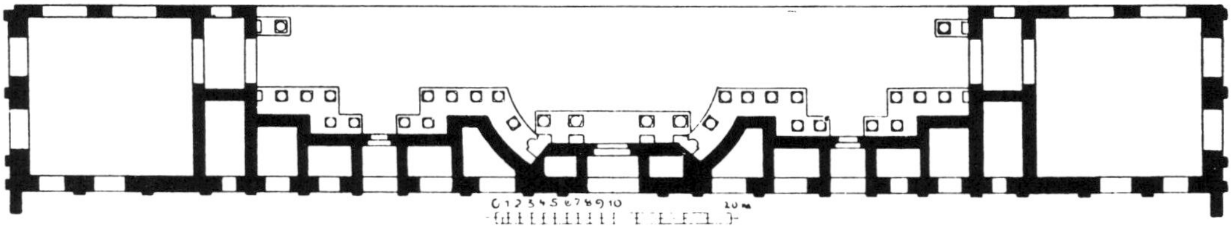

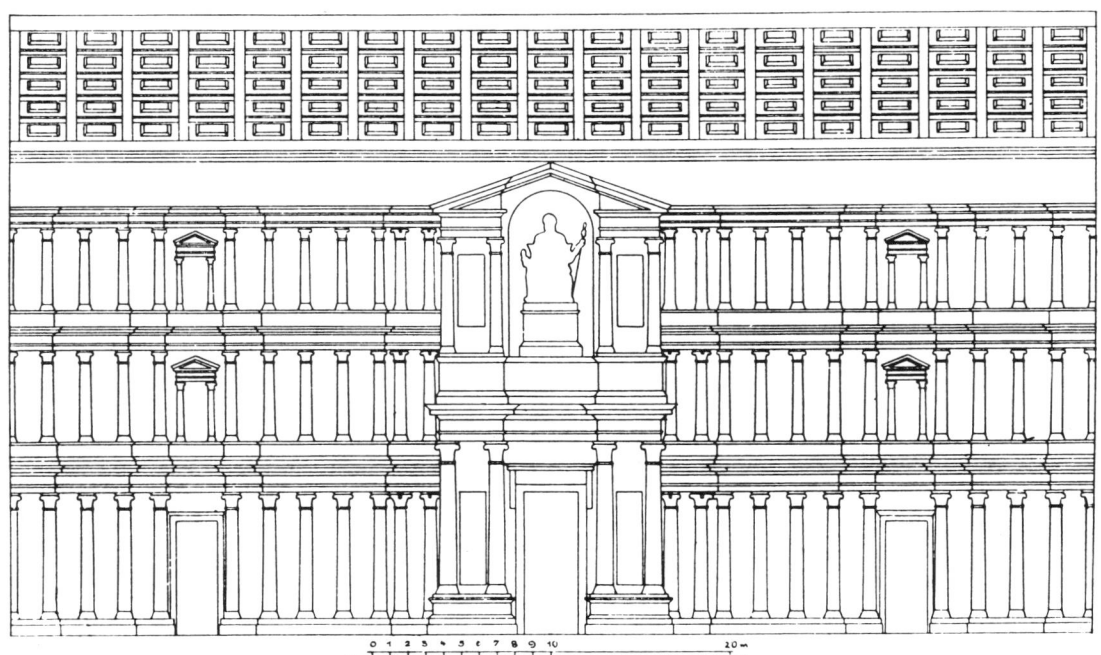

62 *Das Theater von*
Orange

rung einer weiterwirkenden Tradition, welche die Gegenwart bedeutsam und gefestigt erscheinen lassen sollte.

In gewisser Hinsicht galt das auch für den Einsatz von Theatermotiven im alltäglichen Gebrauch. Aus der Epoche der späten Republik und der frühen Kaiserzeit sind viele geschnittene Halbedelsteine erhalten, die mit eingravierten Theatermotiven verziert sind. Es folgen vier Beispiele (Abb. **63–66**). Die Maske auf Abb. **63** ist ein herausragendes Stück. Die feine Gravur gibt getreulich den Maskentypus des Schmeichlers aus der Komödie wieder. Eine Gemme ist zweifellos ein persönliches Besitztum. Wenn wir naturgemäß auch nicht wissen, ob ihr erster Besitzer die Feinheit der Gravur zu schätzen verstand, kann man doch nicht bezweifeln, daß ihr Hersteller genau wußte, daß ein Markt für Schmuckstücke dieser Qualität vorhanden war. Viele andere solche Schmuckstücke sind nur vage mit der Bühnenwirklichkeit in Verbindung zu bringen. Auf Grund des kleinen Maßstabs finden sich Abbildungen von Figuren – die für uns an sich interessanter sind – weit seltener als die von

Masken. Der alte Mann mit seiner Krücke (Abb. **64**) schmückt eine hübsche, mit 2,2 x 1,5 Zentimeter relativ große Sardonyxkamee. Die Darstellung ähnelt stark der aus dem kleinasiatischen Myrina stammenden Terrakottastatuette (Abb. **52**). Der Onyx in Abb. **65** zeigt einen alten Mann in aufgeregter Unterhaltung mit seinem Sklaven; dieser steht entspannt und scheint, wie man der Haltung seiner Arme entnehmen kann, abzuwägen, was er als nächstes sagen, welche Erklärung er geben soll. Auch dieses Motiv kennen wir aus anderen künstlerischen Medien. Auf dem Amethyst (Abb. **66**) erblicken wir ein weiteres schon erwähntes beliebtes Motiv aus der Neuen Komödie, den auf dem Altar sitzenden Sklaven, von dem wir schon verschiedene Versionen zeigten, so die in der Form gepreßte Vase (Abb. **53**), die Ende des 2. Jahrhunderts v. Chr. hergestellt wurde und also erheblich älter ist. Die kleine Bronze (Abb. **54**) wurde zweifellos auf den Tisch gestellt. Die Figur zeigt die gleiche abwägend-verschmitzte Haltung wie der Sklave auf Abb. **65**. Dann gibt es eine etwa 62 Zentimeter hohe Marmorstatuette (Abb. **55**) von einem Typus, der offenbar bevorzugt in römischen Privathäusern und Gärten aufgestellt wurde. Alle diese sitzenden Sklaven unterscheiden sich voneinander, und jeden kennen wir aus einer Reihe von Repliken, die in verschiedenen Materialien ausgeführt sind. In vielen Fällen läßt sich nachweisen, daß ihnen frühhellenistische Originale zugrunde liegen, nämlich mit größter Wahrscheinlichkeit Gemälde nach Szenen aus Komödien Menanders, wo diese Figuren mit anderen zusammen ein Tableau bildeten. Fraglich ist, inwieweit die einzelne, aus dem Zusammenhang gerissene Figur noch mit dem bestimmten Stück, in das sie ursprünglich gehörte, assoziiert wurde. Bedeutete dem durchschnittlichen Käufer die Figur eines sitzenden Sklaven nichts als die Figur eines sitzenden Sklaven? Oder bedeutete sie vielleicht doch mehr, vielleicht allgemein eine Erinnerung an das »klassische« Theater mit dem Beiklang des Dionysischen oder von festlicher Fröhlichkeit, oder repräsentierte sie letztlich sogar eine bestimmte, populäre Bühnenfigur aus jener Art von Komödien, die man in der Schule kennenlernte?

Schon für das Erlernen des Lesens und Schreibens wurden Dramen herangezogen. Eine Papyrusrolle aus dem 3. Jahrhundert v. Chr., die in einer griechischen Schule in Ägypten benutzt wurde und sich jetzt im Museum von Kairo befindet (65445), enthält neben Zahlenkolonnen, Eigennamen mit zwei, drei, vier und fünf Silben sowie anderem, offenkundig nützlichem Material auch literarische Stücke, darunter Passagen aus Tragödien und Komödien. Die komischen Passagen stammen aus Szenen, in denen Köche auftreten, und wurden vielleicht dazu verwendet, um die Vorträge etwas aufzulockern; doch erinnern sie uns auch daran, daß Essen, Festschmäuse und Gelage Themen sind, die in der Komödie immer wieder Interesse erwecken. Und dieses Interesse spiegelt sich auch in den bildnerischen Theaterdarstellungen wie etwa dem Krater in Abb. **42**.

Fortgeschrittene Schüler mußten, wie alle gebildeten Menschen, die Kunst der öffentlichen Rede beherrschen. Zu ihrem Lernstoff gehörten auch Dra-

63–66 *Vier Gemmen:*
Die Maske des
Schmeichlers; alter
Mann mit Krücke; alter
Mann im Gespräch mit
seinem Sklaven; Sklave,
auf dem Altar sitzend

men, weil sich an ihnen modellhaft die rhetorischen Figuren, der Aufbau einer Rede, die Darstellung von Emotionen und das Charakterisieren übens ließen. In diesem Sinne empfiehlt Quintilian in der *Institutio Oratoria* (10,1,69) die Lektüre des Menander, von dem er Beispiele zitiert, die er für besonders bewundernswert hält; zugleich weist er auf die Abhängigkeit des Komödiendichters von Euripides hin.

Die Kunst des Schauspielers und die Kunst des öffentlichen Redners haben manches gemein, wenn auch die Reaktionen zu verschiedenen Zeiten verschieden ausfallen: Demosthenes empfand Verachtung dafür, daß sein Gegenspieler Aischines im Theater auftrat, während Cicero mit Bewunderung von Roscius und Aesopus, den großen Tragödien- und Komödiendarstellern seiner Tage sprach. Doch Theater-Bilder entfalten darüber hinaus ihre eigene Wirkung: Im vierten Buch der *Aeneis* (469–473) beschreibt Vergil Didos Verzweiflung in einem Gleichnis, das an die klassische Tragödie gemahnt: Er erinnert an Pentheus' halluzinatorische Doppelsichtigkeit in den *Bakchen* des Euripides (918–919) und überblendet diese Erinnerung mit einem Bühnenbild des von den Furien gejagten Orestes, das mit unserer Abb. **24** vergleichbar ist. Auch die komische Bühne brachte ihre Archetypen hervor. Plutarch gedenkt in seiner Abhandlung *Über die Schmeichelei* des Schmeichlers aus Menanders *Kolax*, der Art, wie er seinem Herrn folgte und wie er sprach. Diesen Charakter finden wir wieder in einer lebensvoll adaptierten Szene in der Komödie *Eunuchus* (391 ff.) des Terenz, sowie in weiteren Reminiszenzen. (Vielleicht führte die Kenntnis dieser Tradition zum Kauf der Gemme Abb. **63**.) Ein Bild, das immer wieder auftauchte, war auch der Liebhaber, der sich nicht von seiner Ungetreuen trennen kann. Es stammt aus dem *Eunuchos* des Menander, wurde von Terenz wiederum in seinem *Eunuchus* (46 ff.) übernommen und kehrte als schnell gezeichnetes dialogisiertes Sittenbild in den *Satiren* des Horaz (2,3,259–271) und Persius (5,161–175) wieder. Diese Erinnerungen an berühmte Szenen stehen in mancher Hinsicht in Analogie zu bildlichen Darstellungen wie Abb. **65** oder **66**. Interessanterweise können Dichter wie Künstler über ihre unmittelbaren Vorgänger hinweg auf ein Original zurückgreifen, das sie für authentischer halten. Persius beispielsweise schließt sich nicht direkt an Terenz und Horaz an, sondern entnimmt die Namen für seine Charaktere unmittelbar der Komödie des Menander. Diese antiquarische Haltung entspricht der des ungefähr gleichzeitigen Gemäldes (Abb. **67**), das ohne Zweifel den Höhepunkt einer beliebten Komödie darstellt: der Sklave überbringt den beiden Liebenden schlechte Nachrichten – ein Botenbericht, in dem die Rolle des tragischen Boten (vgl. Abb. **20**) aufgegriffen wird.

Wie aber läßt sich das Zeitgenössische von der Nachahmung des Überlieferten unterscheiden? Dazu ist es erforderlich, die Details von Kostüm und Maske unabhängig vom Entstehungsdatum des Objekts zu betrachten, um herauszufinden, inwieweit das Erscheinungsbild mit den gesicherten Kenntnissen übereinstimmt, die wir über die gleichzeitige Bühnenpraxis besitzen. Das künstlerische Objekt kann ohne einen zeitgenössischen Bezug auf ein älteres Vorbild zurückgehen, dann wurde es sicher nicht im Zusammenhang mit einer tatsächlichen Aufführung als Souvenir erworben. Doch in Fällen wie dem Wandgemälde (Abb. **67**), das aus einem pompejanischen Haus stammt, dessen andere Wände mit ähnlichen Werken geschmückt waren, besaß der Eigentümer offensichtlich ein Interesse an Theaterszenen als solchen. Er sorgte für eine sorgfältige und genaue Ausführung, so daß es sich mit großer Wahrscheinlichkeit um naturgetreue Wiedergaben handelt. Der Stil von Masken und Kostümen beruht allerdings auf einer beträchtlich älteren Beschreibung. Das Gemälde ist typisch für die letzte, die flavische Phase der Pompejanischen Kunst, die eine Neigung zu antiquarischer Genauigkeit in derartigen Dingen besaß.

So unsicher das Bild in seinen Details begründet sein mag, es stimmt gut mit den Erkenntnissen aus literarischen Quellen zusammen. Ein Schlüsselproblem bei letzteren ist die Unterscheidung zwischen den Kenntnissen, die

ein Autor Aufführungen, und denen, die er bloßer Lektüre verdankte. Und selbst wenn es gute Gründe gibt, eine Kenntnis von Aufführungen anzunehmen, bleibt die Frage, ob es sich um öffentliche oder private, um Aufführungen ganzer Stücke oder aber um bloße Rezitationen berühmter Passagen handelte, eine Sitte, die sich in späteren Jahren sehr verbreitete. Statius beispielsweise beschreibt in seinen *Silvae* (2,1,114) einen jungen Sklaven, der Menander rezitiert. Der Dramatiker wird für seine Sprache, der junge Sklave ob seiner Geschicklichkeit und Schönheit bewundert, die ihm einen Siegerkranz aus Rosen eintragen. Ähnliche Probleme treten aber auch bei rein literarischen Zitaten auf. Ein Zitat an sich muß noch kein Hinweis auf eine besondere Vorliebe für das Theater und auf eine bedeutende Dramenkenntnis sein; möglicherweise handelt es sich um ein Bildungsgut, das der Autor mühsam in der Schule auswendig lernen mußte, oder aber einfach nur um eine aus dem Zusammenhang gerissene, sprichwörtlich gewordene Wen-

dung, so wie im Deutschen manches Schiller-Zitat zu alltäglichem Gut geworden ist.

Angesichts des Umfangs und der Vielfältigkeit der römischen Welt nimmt es nicht wunder, daß das griechische Theater langsam die zentrale und formende Funktion verlor, die es in hellenistischer Zeit und zuvor innehatte. Im westlichen Teil des Imperiums war es Teil einer fremden Kultur, auch wenn diese, zumal auf die Bildungseliten, große Anziehungskraft ausübte. Jedoch lebte die Sitte dramatischer Wettkämpfe – wie wir aus Inschriften wissen – in der griechischsprachigen Hälfte des Reiches weiter. Schon die Tatsache, daß sich Masken und Kostüme immer noch veränderten, ist ein Beweis für ein fortgesetztes Leben der griechischen Bühne. Wir können feststellen, daß die tragischen Masken und Kostüme immer stärker formalisiert wurden. Der *onkos*, die künstliche Haarkrone über der Stirn, trat zu Beginn der hellenistischen Epoche auf, zweifellos aus dem Bestreben heraus, daß in den größer gewordenen Theatern die Zuschauer auch aus der Entfernung einen tragischen Helden als solchen erkennen konnten. Aus denselben Gründen wurde der tragische Kothurn mit seinen Plateausohlen eingeführt, um die Schauspieler größer wirken zu lassen. Das Marmorrelief (Abb. 68) aus Halikarnassos an der kleinasiatischen Küste entstand um 100 v. Chr. Es zeigt eine sitzende Muse, die eine Maske hält. Bei dieser ist der *onkos* deutlich herausgearbeitet, doch die Behandlung von Bart und Haar ist immer noch vergleichsweise realistisch. Die Muse spielt in ihrem Erscheinungsbild, wie häufig, auf ihre besondere Kunst an, hier offenkundig durch die Plateausohlen des Kothurns. Ähnliches kann man auf der von Pomponius Musa herausgegebenen Münze entdecken (Abb. **59**). Abb. **69** gibt einen guten Eindruck davon, wie die Maske eines jugendlichen Helden im 1. Jahrhundert n. Chr. aussah. Der *onkos* ragt hoch, die Locken sind viel stärker konventionalisiert, die Augen geweitet, der Mund steht weit offen. Zu der Zeit, als die Lampe (Abb. **70**) entstand, hatte sich das Erscheinungsbild noch weiter vom Realismus entfernt. Eine Reihe von Wandgemälden, die ein Haus in Ephesos schmückten, wurde in die zweite Hälfte des 2. Jahrhunderts n. Chr. datiert, doch würde es auch keine Überraschung sein, wenn sich die Bilder letztlich als jünger erwiesen. Es handelt sich um Szenen aus Komödien und Tragödien auf einem roten Untergrund. Die Zusammenstellung des Tragischen und des Komischen setzt eine hellenistische Tradition fort. Es sind die ältesten uns bekannten Szenen, denen der Titel des jeweiligen Stücks als Aufschrift beigegeben wurde. Von den ursprünglich vielleicht zehn, jeweils 40–45 Zentimeter hohen Szenen besitzen wir die aus den *Sikyonioi*, dem *Oresstes* [sic!], der *Perikeiromene* und der *Iphigeneia*; wir zeigen die Orestesszene (Abb. **71**). In jener Zeit war das tragische Schauspiel offenkundig stark verkünstlicht. Dafür spricht nicht nur die Maske, sondern auch das schwere, aufwendig geschmückte Kostüm, das den Schauspieler eher wie einen Priester im Ornat wirken läßt. Die Stiefel besitzen nunmehr sehr hohe Sohlen, was die Bewe-

69   *Die Maske eines
jungen Tragödienhelden,
1. Jh. n. Chr.*

gungsfreiheit der Akteure stark behindert haben muß. Das gestische Spiel be-
schränkte sich offenbar auf Arme und Hände; die Maske wandte sich frontal
zum Publikum. Da überrascht es nicht, bei Lukian in seinem Dialog *Der
Hahn oder der Traum des Mikyllos* (26) zu lesen, daß tragische Schauspieler
des öfteren ihr Gleichgewicht verloren und hinstürzten.

Obwohl die Neue Komödie des Menander angesichts der seinerzeitigen
Konventionen realistisch wirkte, verfestigte sich auch bei ihr in späterer Zeit

70   *Zwei Tragödien-
masken auf einer Lampe
aus Nordafrika, 2. oder
3. Jh. n. Chr.*

der Darstellungsstil. Viele Masken junger Frauen (Abb. 45) zeigen Haartrachten, die zu Menanders Zeit modisch waren, doch diese Haartrachten wurden jahrhundertelang beibehalten, obwohl sie längst aus dem Alltagsleben verschwunden waren. Auch die Männermasken wurden immer stärker konventionell gestaltet mit stilisierter Haartracht und Korkenzieherlocken über den Ohren. Ein aufschlußreiches Beispiel sind die kleinen Glasplaketten (Abb. 72) vom Ende des 1. Jahrhunderts n. Chr., die zum Vergleich mit der älteren Maske auf Abb. 63 herausfordern. Einer ähnlichen Entwicklungsrichtung folgten die Münder und Bärte der alten Männer und Sklaven (vgl. Abb. 48, 64, 73). Der Stil der Tragödienaufführungen hatte sicher auch Aus-

OPECTHC

wirkungen auf die Komödie; entschieden größeren Einfluß aber hatten die veränderten politischen und gesellschaftlichen Bedingungen. Zur Zeit des Augustus war die Welt, von der Menanders Dramen handelten, längst vergangen. Sie wurde den Zeitgenossen allmählich so fremd wie die Welt der Tragödie. Deshalb kann es nicht überraschen, daß man die Texte der Komödien schließlich stärker bewunderte, als sich über die Handlung zu amüsieren.

Trotzdem besteht kein Zweifel, daß das traditionelle Theater immer noch einen hohen kulturellen Stellenwert besaß, auch noch im 2. Jahrhundert n. Chr. und sogar noch darüber hinaus. Viele der Objekte, die wir vorstellten, wurden wahrscheinlich als kulturelle Statussymbole erworben. Die ganz ge-

71 *»Verlangst du nicht zur Erde nach so langer Zeit den Fuß zu setzen?«* – *Elektra kümmert sich um den von Furien geplagten Orestes in einer Szene aus dem* Orestes *des Euripides (233 ff.; übers. von J. J. C. Donner)*

72 *Die beiden
zusammengehörigen
Glasplättchen, eine
Einlegearbeit, zeigen die
Maske eines alten
Mannes*

wöhnlichen Lampen aus der Massenproduktion (Abb. **74, 75**) gewannen sicherlich durch ihre Dekoration mit einer Tragödien- beziehungsweise einer Komödienmaske einen höheren Status. Stücke dieser Art wurden im späten 1. und im beginnenden 2. Jahrhundert n. Chr. in Norditalien hergestellt und weithin exportiert. Die dargestellten Masken hängen oft nur ganz vage mit der zeitgenössischen Bühnenpraxis zusammen; sie bedeuten nichts als allgemein Tragödie und Komödie, auch wenn sie letztlich von bekannten Typen abgeleitet sind. Wahrscheinlich fand der Käufer es einfach nur schön, wenn seine Lampe mit einem solchen Motiv geschmückt war. In anderen Fällen können wir weiter gehen. Wir haben gesehen, daß es in der hellenistischen Zeit üblich wurde, Theatermotive, vor allem Motive der Komödie, als Symbole einer glücklicheren Welt zu verwenden, einer Welt der Flucht vor den Alltagssorgen. Aus genau diesem Grund findet sich die Darstellung von Masken auch auf Grabdenkmälern. Die römische Grabmalkunst war von der Tradition geprägt, die Taten und das Leben des Verstorbenen im Bild festzuhal-

ten und zu verherrlichen. Oft ließen sich Verstorbene als gebildete Menschen darstellen, die die musischen Künste kannten und liebten. Deshalb haben wir Werke wie den eindrucksvollen Sarkophag (Abb. 76). Er wurde in der Villa Montalto in Rom entdeckt und ist zweifellos das Werk einer römischen Werkstatt, auch wenn der Marmor importiert wurde. Entstanden ist er in der zweiten Hälfte des 3. Jahrhunderts n. Chr. Die Musen stehen in Bogennischen, jede ist durch ein Merkmal oder Attribut näher charakterisiert. Polyhymnia beispielsweise steht ganz rechts in einer angelehnten Haltung, die von einem berühmten hellenistischen Archetyp abgeleitet ist. Melpomene, die Muse der Tragödie, steht unmittelbar links neben der Mitte und teilt sich ihren Bogen mit Erato. Die Maske, die sie hält, ist auf Grund des gekräuselten Haars und

73　*Teil einer dekorativen Wandverkleidung aus Terrakotta mit der Komödienmaske eines Sklaven*

des Bartes als die des Herakles identifizierbar. Herakles exemplifiziert die Tragödie auf vielen derartigen Denkmälern: als ein beliebter tragischer Held, der sich durch sein Leiden göttlichen Rang erwarb, sprach er viele Menschen jenes aufgewühlten Zeitalters an. Interessant ist, daß sich der Mund seiner Maske bis zu einem bestimmten Grad dem des Sklaven aus der Komödie angenähert hat. Deutlich wird, daß Steinmetz und Besteller offenbar nur mehr vage Vorstellungen vom Theater hatten. Melpomene trägt außerdem die Keule des Herakles, doch ist sie – abweichend von ähnlichen Darstellungen (vgl. Abb. **68**) – nicht mit Kothurnen ausgestattet. Ihr Gegenstück Thalia teilt sich ihren Bogen mit Terpsichore. Die Maske, die sie hält, ist wahrscheinlich die eines Sklaven oder eines alten Mannes.

Gegen Ende des Altertums entstand das schöne Silberkästchen (Abb. **77**), das aus dem Schatz von Esquilin stammt, der 1866 in das Britische Museum gelangte. Seine Höhe beträgt fast 27 Zentimeter. An seiner Wandung erblikken wir wiederum die Musen innerhalb von Bogennischen, die von gedrehten Säulen und Blattwerk umsäumt werden. Doch ist diese Arbeit ungefähr ein Jahrhundert jünger als der zuletzt angeführte Sarkophag. In jenen Tagen war das Christentum bereits zur Staatsreligion des Römischen Reichs geworden, und das Theater des Marcellus lag in Ruinen. Zugleich aber gab es, vor allem

74–75   Linke Seite: Tonlampen mit Tragödien- und Komödienmaske, aus Norditalien

76   Musensarkophag aus Marmor, in der Mitte die Musen der Tragödie und der Komödie mit ihren Masken, Ende 3. Jh. n. Chr.

77   Ein Silberkästchen
mit Darstellung der
Musen, spätes 4. Jh.
n. Chr.: Euterpe mit der
Doppelflöte, die von den
begleitenden Musikern
benutzt wurde; Thalia mit
einer Komödienmaske

in der griechischsprachigen Reichshälfte, eine bemerkenswerte Rückbesinnung auf die Klassiker der Antike. Die Mosaiken aus Mytilene (Abb. 51) und einige verstreute Zeugnisse aus anderen Zentren verraten diese Einstellung, wenn auch die Beischriften deutlich zeigen, daß das Interesse ein rein antiquarisches ist. In Athen gab es eine kurzlebige Begeisterung für Lampen, die mit überzeugend realistischen Theatermasken dekoriert waren. In Alexandria wurde ein Theaterneubau (der einzige ausgegrabene), wohl in der Residenz

des kaiserlichen Gouverneurs, errichtet. All das dauerte nicht lange, doch wurden damals auch die Originale der Illustrationen des berühmten Terenzmanuskripts der Vatikanischen Bibliothek (Lat. 3866) und ähnliche Illustrationen geschaffen, in denen Sammlungen von Masken und Skizzen von Theaterszenen dargestellt sind, wenn auch, nach unseren heutigen Kenntnissen, die Buchmaler keine guten Archäologen waren und viele Details historisch unrichtig wiedergaben.

Von den vielen Vermittlungswegen, über die das griechische Theater und seine Bilder fortlebten, ist die Rolle der Sammler und Grammatiker bisher kaum erwähnt worden. Alle Objekte, die wir gezeigt haben, besitzen ihre eigene Geschichte. Irgendwann wurden sie geschaffen und zum ersten Mal verkauft. Derartige Stücke gehen durch viele Hände, nicht zuletzt durch die von Archäologen, bis sie in eine Sammlung wie die des Britischen Museums gelangen. Nicht immer kommen sie aus Privatsammlungen, aber der schöne Bronzekopf des Sophokles (Abb. 78) beispielsweise kam aus Istanbul in die Sammlung des Earl of Arundel, bevor er von dort für das Britische Museum erworben wurde. Manchmal ist wenig oder gar nichts über die Provenienz eines Objekts bekannt, manchmal knüpfen sich interessante Geschichten an einzelne Werke, die erzählt zu werden verdienten, wenn Zeit und Platz nur ausreichten.

Die literarische Reflexion in bezug auf das Drama ist bis zu den Anfängen einer wissenschaftlichen Literaturkritik im 5. Jahrhundert v. Chr. zurückzuverfolgen; volkstümlichere kritische Anmerkungen finden wir schon bei Aristophanes in den *Fröschen* und den *Thesmophoriazusen*, die wir oben mehrmals im Vorübergehen erwähnten. Aristoteles diskutierte in seinen Lehrveranstaltungen neben einer Unzahl anderer Themen nicht nur die Poetik unter besonderer Berücksichtigung von Tragödie und Komödie, sondern auch Probleme in der Auflistung von Siegern und Wettbewerbern. (Ein Beispiel solcher Listen war in Abb. 11 zu sehen.) Die Gelehrten der Bibliothek von Alexandria sammelten, kollationierten und kommentierten die Texte. Ihre Arbeit erhielt, so wird uns berichtet, mächtigen Auftrieb, als Demetrios von Phaleron als Grundstock das offizielle Stückarchiv aus Athen auslieh und statt den Originalen Kopien zurücksandte. Manche Spuren dieser Gelehrtenarbeit finden wir auf Papyrusfragmenten (Abb. 79). Feindschaft gegenüber der traditionellen Bildung, Feindseligkeit gegenüber den darstellenden Künsten, Kriege und wirtschaftlicher Niedergang – viele der Faktoren, die sich auch in der modernen Welt der Kultur hinderlich in den Weg stellen – verminderten die Anzahl der verfügbaren Dramentexte. Von den Hunderten von Dramen, die einst kopiert und aufgeführt wurden, blieb nur eine schmale Auswahl übrig. Ab dem 5. Jahrhundert riß die Aufführungstradition ab. Doch weht der Geist der alten Werke weiter. Wir sehen ihn in einer Handschrift des frühen 16. Jahrhunderts (Abb. 80) am Werk, welche die *Hekuba* und den *Orestes* des Euripides enthält, zwei Teile einer Dramentrias (das

78   *Rechte Seite: Sophokles im hohen Alter, Bildniskopf aus Bronze*

79 *Sophokles'*
Satyrspiel Ichneutai,
Papyrusfragment des
2. Jh.s n. Chr.

80 *Rechte Seite:*
Euripides' Hekuba, *mit*
Anmerkungen, Manu-
skript, bald nach 1500

dritte Werk waren die *Phoenissen*), die selbst Auswahl einer Auswahl war. Bei-
gefügt ist eine Interlinearglossierung, wie sie heute verzweifelte Examenskan-
didaten in Schulausgaben von Shakespearestücken hineinzuschreiben pfle-
gen. Deren Reaktion auf die gebotenen Fußnoten dürfte sich kaum von der
eines Lesers unterschieden haben, der im Zeitalter der Renaissance die hier zu
sehenden Marginalien des altgriechischen Texts einer Lektüre unterzog. Mit
seiner Arbeit an solchen Texten, an den erhaltenen Manuskripten altgriechi-
scher Dramen wurde – neben seinen anderen Verdiensten – Richard Porson
(1759–1808) zu einem der Begründer der Wissenschaft der Klassischen Philo-
logie nicht nur in England. Sein Porträt (Abb. **81**) schließt darum füglich un-

+ πρόλογος τοῦ πολυδώρου :+

Ἥκω νεκρῶν κευθμῶνα καὶ σκότου πύλας

λιπών, ἵν᾽ Ἅιδης χωρὶς ᾤκισται θεῶν,

Πολύδωρος, Ἑκάβης παῖς γεγὼς τῆς Κισσέως

Πριάμου τε πατρός, ὅς μ᾽, ἐπεὶ Φρυγῶν πόλιν

κίνδυνος ἔσχε δορὶ πεσεῖν Ἑλληνικῷ,

δείσας, ὑπεξέπεμψε Τρωικῆς χθονὸς

Πολυμήστορος πρὸς δῶμα Θρῃκίου ξένου,

ὃς τὴν ἀρίστην Χερσονησίαν πλάκα

σπείρει, φίλιππον λαὸν εὐθύνων δορί.

81 *Richard Porson*
(1759–1808)

sere Bildersammlung ab. In einer Vorlesung anläßlich seines 200. Geburtstags erklärte Denys Page in der Britischen Akademie: »[...] die Strahlen jenes Lichts enthüllten sich nur in Blitzen, doch sie waren von unverkennbarer, unzerstörbar-diamantener Kraft; Blitze, die niemals ausgelöscht oder verdunkelt werden konnten.« Und dasselbe läßt sich mit gleichem Recht auch über das griechische Theater sagen.

Katalog der behandelten Werke

Die Liste folgt weitgehend der Reihenfolge, in der die Objekte im Text besprochen sind. Die Literaturhinweise sind eine Auswahl. Sie nennen die Standardwerke zur Bestimmung und/oder besonders relevante Deutungen. Eine Liste der Abkürzungen ist dem Katalog vorangestellt. Um das Nachschlagen zu erleichtern, sind die Verweise auf ARV², LCS, RVAp und dergleichen an das Ende jedes bibliographischen Eintrags gestellt. An vorletzter Stelle (oder an letzter, wenn es keine Einträge der vorgenannten Kategorie gibt) finden sich die Verweise auf die Standardkataloge theaterrelevanten Materials, MTS², PhV², MMC³ oder MNC³.

Wenn nicht anders angegeben, stammen alle Objekte aus der Griechischen und Römischen Abteilung des Britischen Museums, das auch die Photographien stellte.

Liste der im Katalog verwendeten Abkürzungen und Siglen

ABV	J. D. Beazley, *Attic Black-Figure Vase-Painters*, Oxford 1956
AJA	*American Journal of Archaeology*
ARV²	J. D. Beazley, *Attic Red-Figure Vase-Painters*, Oxford 1963
Bieber, *Theater*	M. Bieber, *History of the Greek and Roman Theater*, Princeton 1939, ²1961
BICS	*Bulletin of the Institute of Classical Studies*
Cat. Sculpture	A. H. Smith, *A Catalogue of Sculpture in the Department of Greek and Roman Antiquities, British Museum*, 3 Bde., London 1892–1904
CVA	*Corpus Vasorum Antiquorum*
GRBS	*Greek, Roman and Byzantine Studies*
Higgins 1	R. A. Higgins, *Catalogue of the Terracottas in the Department of Greek and Roman Antiquities, British Museum*, Bd. 1, London 1954
IGD	A. D. Trendall / T. B. L. Webster, *Illustrations of Greek Drama*, London 1971
JbDAI	*Jahrbuch des Deutschen Archäologischen Instituts*
JhÖAI	*Jahreshefte des Österreichischen Archäologischen Instituts in Wien*
JHS	*Journal of Hellenic Studies*
LCS	A. D. Trendall, *The Red-Figured Vases of Lucania, Campania and Sicily*, Oxford 1967
LCS Suppl. 2	A. D. Trendall, *The Red-Figured Vases of Lucania, Campania and Sicily*, Supplement 2 (BICS Suppl. 31), London 1971
LCS Suppl. 3	A. D. Trendall, *The Red-Figured Vases of Lucania, Campania and Sicily*, Supplement 3 (BICS Suppl. 41), London 1983
LIMC	*Lexicon Iconographicum Mythologiae Classicae*, Bd. 1 ff., Zürich/München 1981 ff.
Marshall, *Jewellery*	F. H. Marshall, *Catalogue of the Jewellery, Greek, Etruscan, and Roman in the Department of Antiquities, British Museum*, London 1911 (Nachdr. 1969)
MMC³	T. B. L. Webster, *Monuments Illustrating Old and Middle Comedy*, 3. rev. und erw. Ausg. von J. R. Green (BICS Suppl. 39), London 1978
MNC³	T. B. L. Webster, *Monuments Illustrating New Comedy*, 3. rev. u. erw. Ausg. von J. R. Green und Axel Seeberg (BICS Suppl. 50) [i. Vorb.]
MTS²	T. B. L. Webster, *Monuments Illustrating Tragedy and Satyr-Play* (BICS Suppl. 20), London ²1967
NumAntCl	*Numismatica ed Antichità Classiche. Quaderni Ticinesi*
PhV²	A. D. Trendall, *Phlyax Vases* (BICS Suppl. 19), London ²1967 [Neuausg. i. Vorb.]
Pickard-Cambridge, *Dithyramb*	A. W. Pickard-Cambridge, *Dithyramb, Tragedy and Comedy*, Oxford 1927, 2., rev. Ausg. von T. B. L. Webster, Oxford 1962
Pickard-Cambridge, *Festivals*	A. W. Pickard-Cambridge, *The Dramatic Festivals of Athens*, Oxford 1953, 2., rev. Ausg. von John Gould und D. M. Lewis, Oxford 1968, erw. und verb. Neuaufl. Oxford 1988

Ridgway, *Hell. Sc.*　B. S. Ridgway, *Hellenistic Sculpture*, Bd. 1: *The Style of ca. 331–200 B. C.*, Madison, Wisc., 1990

RVAp　A. D. Trendall / A. Cambitoglou, *The Red-Figured Vases of Apulia*, 2 Bde., Oxford 1978–82

RVAp Suppl. A.　D. Trendall / A. Cambitoglou, *The Red-Figured Vases of Apulia*, Supplement 1 (BICS Suppl. 42), London 1983; Supplement 2 (BICS Suppl. 60), London 1991

RVP　A. D. Trendall, *The Red-Figured Vases of Paestum*, London 1987

RVSIS　A. D. Trendall, *Red-Figured Vases of South Italy and Sicily*, London 1989

Séchan　L. Séchan, *Etudes sur la tragédie grecque dans ses rapports avec la céramique*, Paris 1926 (Nachdr. 1967)

Walters, *Bronzes*　H. B. Walters, *Catalogue of the Bronzes, Greek, Roman, and Etruscan, in the Department of Greek and Roman Antiquities*, London 1899

Walters, *Gems*　H. B. Walters, *Catalogue of the Engraved Gems and Cameos Greek Etruscan and Roman in the British Museum*, 2., überarb. Ausg., London 1926

Walters, *Lamps*　H. B. Walters, *Catalogue of the Greek and Roman Lamps in the British Museum*, London 1914

Walters, *Terracottas*　H. B. Walters, *Catalogue of the Terracottas in the Department of Greek and Roman Antiquities*, London 1903

Webster, GTP　T. B. L. Webster, *Greek Theatre Production*, London 1956, [2]1970

Webster, *Hell. Art*　T. B. L. Webster, *Hellenistic Art*, London 1967

1　Korinthischer Kolonettenkrater mit dickbäuchigen Tänzern und der Rückkehr des Hephaistos, erstes Viertel des 6. Jh.s v. Chr.
1867.8–5.860 (B 42), aus Nola. Höhe 32,5 cm
JHS 85, 1965, 103 ff., Abb. 23, 2 (Seeberg); A. Seeberg, *Corinthian Komos Vases* (BICS Suppl. 27, 1971) Nr. 227C; D. A. Amyx, *Corinthian Vase-Painting of the Archaic Period* (Berkeley 1988) 234, Taf. 102, 2a–b

2　Athenische Schale mit verkleideten Tänzern, dem KY-Maler zugeschrieben, 580–570 v. Chr.
1920.2–16.1. Höhe 8 cm
ABV 32, 11

3　Schwarzfigurige Oinochoë aus Athen mit Vogelchor der frühen Komödie, dem Gela-Maler zugeschrieben, um 480 v. Chr.
1842.7–28.787 (B 509). Höhe 16 cm
Bieber, *Theater*[2], Abb. 123; IGD I, 12 (Abb. gegenüber S. 9); Green, *Greek Vases in the J. Paul Getty Museum* 2 (Malibu 1985) 95–118, Abb. 11a–c

4　Rotfiguriger Kelchkrater aus Athen mit (a) der Bekränzung der Pandora (oben) und einem Flötenspieler mit vier Panen (darunter); (b) Flötenspieler mit sieben als Mädchen verkleideten Tänzern und einer männlichen Figur (oben), Mänade mit langem Gewand und Thyrsosstab, sowie Satyrn beim Spiel (darunter), dem Niobiden-Maler zugeschrieben, um 470–460 v. Chr.
1856.12–13.1 (E 467), gefunden in Altamura. Höhe 48,7 cm
Bieber, *Theater*[2], Abb. 16; Pickard-Cambridge, *Dithyramb*[2], Nr. 100, Taf. 15a; Pickard-Cambridge, *Festivals*[2], Abb. 42 (Nachzeichnung); MTS[2] AV17; ARV[2] 601, 23

5　Rotfiguriger Volutenkrater aus Athen mit den Mitwirkenden eines Satyrspiels im Heiligtum des Dionysos, darunter dem Flötenspieler Pronomos und dem Dichter Demetrios, dem Pronomos-Maler zugeschrieben, Ende 5. Jh. v. Chr.
Neapel inv. 81673 (H 3240), aus Ruvo. Höhe 75 cm
Bieber, *Theater*[2], Abb. 31–33; Pickard-Cambridge, *Dithyramb*[2], Abb. 49; IGD II, 1; MTS[2] AV 25; ARV[2] 1336, 1

6–7　Das Theater in Thorikos an der Küste Attikas
Miller und Cushing, *Papers of the American School of Classical Studies* 4, 1885–86, 1–34; W. Doerpfeld / E. Reisch, *Das griechische Theater* (Athen 1896) 109–111; Hackens, *Thorikos* I, 1963, 105–118 und Thorikos III, 1965, 75–96; Gebhard, *Hesperia* 43, 1974, 428–440; *Thorikos and the Laurion in Archaic and Classical Times* (Gent 1975) 46–47; Pöhlmann, *Museum Helveticum* 38, 1981, 137–138
Ursprünglicher Bau spätes 6. Jh. v. Chr.; weitere Baumaßnahmen im klassischen Zeitalter (darunter die Errichtung des kleinen Dionysostempels an der Seite

des Spielbereichs); weitere Umbauten nach der Mitte des 4. Jh.s v. Chr.

8 Rotfiguriger Rhyton aus Athen mit einem bekränzten tanzenden Satyr in zotteligem Schurz, spätes 5. Jh. v. Chr.
1846.9–25.16 (E 790), aus Nola. Höhe 24 cm
CVA (4) Taf. 37,5 und 38,3; Bieber, *Theater*[2] Abb. 26; MTS[2] AV 29; ARV[2] 908, Gruppe W, Nr. 1

9 Rotfigurige Schale aus Athen mit (a) Satyrn, die die Iris verfolgen, und (b) Satyrn, die Hera angreifen, dem Brygos-Maler zugeschrieben, um 490–480 v. Chr.
1873.8–10.376 (E 65), aus Capua. Höhe 27,5 cm
Simon, *Eye of Greece*, Taf. 30; ARV[2] 370, 13 und 1649, *Paral.* 365, *Addenda*[2] 224

10 Rotfiguriger Kelchkrater aus Lukanien mit der Zurichtung des Baumstamms für die Blendung des Polyphem durch die Gefährten des Odysseus, von rechts tanzen Satyrn herbei (Euripides, *Kyklops*), dem Kyklops-Maler zugeschrieben, um 415–410 v. Chr.
1947.7–14.18. Höhe 47 cm
Brommer, *Satyrspiele*[2] 19–21, Abb. 11–12; IGD II, 11; RVSIS Abb. 9; MTS[2] 157; LCS 27, Nr. 85

11 Marmorinschrift mit Siegern der Athener Dramenwettkämpfe
Epigraphisches Museum, Athen
IG II[2], 2318 col. 2; Pickard-Cambridge, *Festivals*[2] 104; H.-J. Mette, *Urkunden dramatischer Aufführungen in Griechenland* (Berlin / New York 1977) 13, 84

12 Abguß des Marmorreliefs vom Monument des Lysikrates in Athen: Dionysos, Satyrn und Piraten (Dithyrambos mit Knabenchor), 334 v. Chr. Höhe 25 cm
J. Stuart / N. Revett, *The Antiquities of Athens* 1 (London 1762) 27–34; *Cat. Sculpture*, 1, 248–257, Nr. 430; Bieber, *Theater* Abb. 10; *Theater*[2] Abb. 18; J. Travlos, *Pictorial Dictionary of Ancient Athens* (London 1971) 348; H. Bauer, »Lysikratesdenkmal, Baubestand und Rekonstruktion«, *Athenische Mitteilungen* 92, 1977, 204–227; Ridgway, *Hell. Sc.* 15–17; MTS[2] AS 8
Das dem 17. Jh. als Laterne des Demosthenes bekannte Siegesdenkmal hat die Zeitläufte relativ unbeschadet überdauert. Die Stahlstichillustration stammt aus C. Wordsworth, *Athens and Attica: Notes of a Tour* (London [3]1855), gegenüber S. 131. Christopher Wordsworth (1807–1885), der Neffe des Dichters William Wordsworth, bereiste Griechenland in seinem dritten

Lebensjahrzehnt. Seine beliebten Reisebücher mit ihren Stichen bestimmten die populäre Vorstellung vom klassischen Griechenland im viktorianischen England. Christopher Wordsworth war zu seiner Zeit ein bekannter klassischer Philologe und Theologe, 1869 wurde er Bischof von Lincoln

13–14 Das Theater des Dionysos in Athen
E. Fiechter, *Das Dionysos-Theater in Athen* (Stuttgart 1935–50); A. W. Pickard-Cambridge, *The Theatre of Dionysos in Athens* (Oxford 1946); J. Travlos, *Pictorial Dictionary of Ancient Athens* (London 1971) 537–550; Newiger, *Wiener Studien* 89 (NS 10), 1976, 80–92; Pöhlmann, *Museum Helveticum* 38, 1981, 129–146; Townsend, *Hesperia* 55, 1986, 421–438
Die ursprüngliche Entstehungszeit eines festen Theatergebäudes ist unbekannt. Ein größeres Bühnengebäude existierte vielleicht im späten 5. Jh., vollständiger Umbau im dritten Viertel des 4. Jh.s v. Chr. Viele spätere Umbauten, beispielsweise unter Nero; eine durchgreifende Renovierung des Bühnenhauses erfolgte zur Zeit Hadrians. Rückbau und gegenwärtige Bühne aus der Zeit Konstantins

15 Rotfigurige Pelike aus Athen mit Telephos und Orest auf dem Altar und dem sich nähernden Agamemnon (Aischylos, *Telephos*), einem Nachahmer des Chicago-Malers zugeschrieben, um 450 v. Chr.
1836.2–24.28 (E 382). Höhe 32,7 cm
Séchan 127; Csapo, *Quaderni Urbinati di Cultura Classica* 34, 1990, 41–52; ARV[2] 632

16 Rotfiguriger Kantharos aus Athen mit der Verurteilung Ixions zur Folterung mit dem Rad (Aischylos, *Ixion*), dem Amphitrite-Maler zugeschrieben, um 460–450 v. Chr.
1865.1–3.23 (E 155), aus Nola. Höhe 23,8 cm
CVA (4) Taf. 33, 2 und 35, 2; Séchan Abb. 115; JhÖAI 42, 1955, 4–26 (Simon); LIMC 5 (1990), Stichw. »Ixion«; ARV[2] 832, 37

17 Rotfigurige Hydria aus Athen mit der Anbindung der Andromeda an den Pfahl (Sophokles, *Andromeda*), der Werkstatt des Coghill-Malers zugeschrieben, 450–440 v. Chr.
1843.11–3.24 (E 169), aus Vulci. Höhe 45,6 cm
CVA (5) Taf. 75, 1 und 76; Séchan 149, Abb. 47; IGD III.2, 3; Green, GRBS 32, 1991, 42–44; MTS[2] 117, AV 56; ARV[2] 1062, 1681

18 Rotfigurige Halshenkelamphore aus Athen mit dem blinden Phineus, dessen Essen von Harpyen ge-

raubt wird, dem Nikon-Maler zugeschrieben, um 470–450 v. Chr.
1864.10–7.82 (E 302). Höhe 33,4 cm
CVA (5) Taf. 53, 2; IGD III.1, 25; J. M. Padgett, JMFA Boston 3, 1991, 15–33; MTS² 144; ARV² 652, 2

19 Rotfiguriger Kelchkrater aus Tarent: (oben) Götter, eine Furie mit Nimbus, ein Altar; (unten) ein alter Mann mit Stock im tragischen Kostüm; ein junger Mann; Lykurgos, der seine Frau erschlägt; Sklaven, die den Körper des toten Sohns forttragen (Aischylos, *Edonoi*), dem Lykurgos-Maler zugeschrieben, Mitte 4. Jh. v. Chr.
1849.6–23.48 (F 271), aus Ruvo. Höhe 58,5 cm
Séchan Abb. 21; IGD III.1, 15; MTS² 128, TV46; RVAp 1, 415–416, Nr. 16/5, Taf. 147
Siehe M. L. West, *Studies in Aeschylus* (Stuttgart 1990) 31

20 Rotfiguriger Kelchkrater aus Sizilien mit einer Szene aus dem *König Oidipus* des Sophokles: Der Bote überbringt die Nachricht vom Tod des Polybos, Oidipus' Ziehvater; Jokaste und die Kinder stehen bei Oidipus, ein Diener zur Rechten. Dem Capodarso-Maler zugeschrieben, drittes Viertel 4. Jh. v. Chr.
Syrakus 66557, aus Syrakus. Höhe 24 cm
IGD III.2, 8; Bertino, *Archaeologica. Scritti in onore di A. Neppi Modona* (Florenz 1975) 25–27, Abb. 4; LIMC 1 (1981) 820, Nr. 1, Taf. 659 (Stichw. »Antigone«); LCS Suppl. 1, 105

21 Rotfiguriger Volutenkrater aus Tarent mit dem Sturz des Hippolytos (Euripides, *Hippolytos*), dem Darius-Maler zugeschrieben, drittes Viertel 4. Jh. v. Chr., Fuß ergänzt
1856.12–26.1 (F 279). Höhe 65,8 cm
Séchan Abb. 99; IGD III.3, 24; Linant de Bellefonds, LIMC 5 (1990) 458, Nr. 105, Taf. 325; J. H. Oakley, »›The Death of Hippolytus‹ in South Italian Vase-Painting«, NumAntCl 20, 1991, 63–83; MTS² 158; RVAp 2, 487, Nr. 18/17, Taf. 173, 1

22 Rotfiguriger Volutenkrater aus Tarent mit der Opferung der Iphigenia (Euripides, *Iphigenia in Aulis*), aus der Werkstatt des Iliupersis-Malers, zweite Hälfte 4. Jh. v. Chr.
1865.1–3.21 (F 159), aus der Basilicata. Höhe 70,5 cm
Séchan Abb. 108; Arias, *Boll. Ist. naz. del Dramma antico*, 1930, 89–96; Kahil/Icard, LIMC 5 (1990) 712, Nr. 11, Taf. 467; MTS² 159; RVAp 1, 204, Nr. 8/104

23 Rotfigurige Halshenkelamphore aus Kampanien mit Frau (Antigone) und Lehrer (Euripides, *Phoenis-*

sen), dem Ixion-Maler zugeschrieben, drittes Viertel 4. Jh. v. Chr.
1867.5–8.1337 (F 338). Höhe 52,2 cm
CVA Taf. 7, 6; *Archäologischer Anzeiger* 1976, 221, Abb. 12–13; MTS² 162; LCS 339, Nr. 797

24 Rotfiguriger Glockenkrater aus Paestum mit Athene, Orestes (am Altar), Apollon, zwei Furien, darüber Klytämnestra (oder Leto) und Pylades (? oder Hermes) (vgl. Aischylos, *Eumeniden*), von Python, um 350–340 v. Chr.
1917.12–10.1. Höhe 56,5 cm
Bieber, *Theater²* Abb. 97; IGD III.1, 11; RVP 145, Nr. 244, Taf. 91

25 Rotfigurige Hydria aus Paestum mit einem König und einer Frau, die sich einem gebundenen Mann auf einem Altar nähern (Euripides, *Oineus?*), von Python, drittes Viertel 4. Jh. v. Chr.
1772.3–20.37 (F 155). Höhe 44 cm
Pickard-Cambridge, *Festivals* Abb. 189; Trendall, *Paestan Pottery* Nr. 154, Taf. 16b; IGD III.3, 41; MTS² PV 3; RVP 149, Nr. 249, Taf. 94a–b

26 Oinochoë, in polychromer Technik mit einem Mann geschmückt, der einen Fisch rudert, spätes 5. Jh. v. Chr.
1898.2–27.1, wahrscheinlich aus Athen. Höhe 24,5 cm
Hesperia 24 (1955) Taf. 37a (Crosby); Bieber, *Theater²* Abb. 210; PhV² Nr. 9; Pickard-Cambridge, *Festivals²* Abb. 87; IGD IV, 5; MMC³ AV 10
Wurde mit Eupolis, *Taxiarchoi*, in Verbindung gebracht; s. Kassel-Austin, *Poetae Comici Graeci* 5 (1986) 452–466

27 Rotfiguriger Glockenkrater aus Tarent mit der Szene der Telephos-Parodie (Aristophanes, *Thesmophoriazusen*), dem Schiller-Maler zugeschrieben, um 380–370 v. Chr.
Würzburg H 5697. Höhe 18,5 cm
A. Kossatz-Deissmann in H. A. Cahn / E. Simon (Hrsg.), *Tainia. Fs. Roland Hampe* (Mainz 1980) 281–290, Taf. 60; RVSIS Abb. 109; *Phoenix* 40, 1986, 372–392 (Csapo); *Proceedings of the Cambridge Philological Society* 213 (NS 33), 1987, 92–104 (Taplin); RVAp 1, 65, Nr. 4/4a

28 Rotfiguriger Glockenkrater aus Tarent mit dem alten Cheiron, der auf die Bühne gehievt wird, und zuschauenden Nymphen, dem McDaniel-Maler zugeschrieben, um 380–370 v. Chr.
1849.6–20.13 (F 151). Höhe 37,4 cm
IGD IV, 35; Bieber, *Theater²* Abb. 491; PhV² Nr. 37; RVAp 1, 100, Nr. 4/252

29 Rotfiguriger Glockenkrater aus Paestum mit einem alten Mann, der einen Sklaven am Arm zieht. Der Sklave trägt Trinkgefäß, Kranz und Situla. Dem Python zugeschrieben, drittes Viertel 4. Jh. v. Chr.
1873.8–20.347 (F 189), aus Capua. Höhe 40 cm
Bieber, *Theater*[2] Abb. 517; IGD IV, 17; PhV[2] Nr. 39; RVP 159, Nr. 280, Taf. 103a–b

30 Rotfiguriger Skyphos aus Tarent mit einem Mann an der Tür einer jungen Frau, der Willkommensgruppe zugeschrieben, zweites Viertel 4. Jh. v. Chr.
1849.5–18.15 (F 124). Höhe 20,3 cm
Bieber, *Theater*[2] Abb. 500; JhÖAI 54, 1983, 66, Abb. 7; PhV[2] Nr. 94; RVAp 1, 304, Nr. 11/182a

31 Rotfiguriger Glockenkrater aus Paestum mit einem Mann, der über die Leiter zu einer Frau hinaufsteigt, während ein Gefährte Fackel, Kranz und Situla hält; dem Asteas zugeschrieben, bald nach der Mitte des 4. Jh.s v. Chr.
1865.1–3.27 (F 150). Höhe 37,8 cm
Bieber, *Theater*[2] Abb. 501; PhV[2] Nr. 36; RVP 72, Nr. 45, Taf. 28a–b

32–33 Das Theater in Epidauros, spätes 4. Jh. v. Chr.
A. von Gerkan / W. Müller-Wiener, *Das Theater von Epidauros* (Stuttgart 1961); L. Polacco, NumAntCl 7, 1978, 83–93; L. Käppel, JbDAI 104, 1989, 83–106
Baubeginn und untere Sitzreihen; Weiterbau vielleicht vorgesehen, aber obere Sitzreihen erst um 170–160 v. Chr. ausgeführt

34 Herakles stehend mit Keule und Löwenfell, Bogen und Köcher in der linken Hand, Terrakottastatuette aus Athen, Anfang 4. Jh. v. Chr.
1842.7–28.752, aus Milo. Höhe 9 cm
Pickard-Cambridge, *Festivals* Abb. 82; Higgins 1, Nr. 741, Taf. 98; MMC[3] AT 26b

35 Reisender mit Pilos, Flasche und Korb. Der Mantel ist im Nacken befestigt und über die Spitze des Pilos gezogen, Terrakottastatuette aus Athen, spätes 5. oder frühes 4. Jh. v. Chr.
1880.11–13.3, angeblich aus Tanagra. Höhe 9 cm
Pickard-Cambridge, *Festivals* Abb. 123; Higgins 1, Nr. 738, Taf. 98; MMC[3] AT 6b

36 Amme, die ein Kleinkind auf dem linken Arm hält, Terrakottastatuette aus Athen, spätes 5. oder frühes 4. Jh. v. Chr.
1865.7–20.37 (TC 747; C4), angeblich aus Athen. Höhe 7,5 cm

Pickard-Cambridge, *Festivals* Abb. 141; Higgins 1, Nr. 747, Taf. 99; MMC[3] AT 9b

37 Junge Frau, die ihren Mantel vor das Gesicht schlägt, Terrakottastatuette aus Athen, spätes 5. oder frühes 4. Jh. v. Chr.
1907.5–18.7. Höhe 9,5 cm
Pickard-Cambridge, *Festivals* Abb. 140; Higgins 1, Nr. 744, Taf. 99; MMC[3] AT 10c

38 Stehender Mann mit ausgestreckten Armen, Terrakottastatuette aus Korinth, Kopf in der Preßform, Körper mit der Hand modelliert, erste Hälfte 4. Jh. v. Chr.
1867.2–5.22, aus Korinth. Höhe 12 cm
Higgins 1, Nr. 963, Taf. 135; Higgins, *Terracottas*, Taf. 36d; MMC[3] CT 2

39 Junge Frau im Umhang, linke Hand an der Hüfte, rechte Hand auf linker Schulter, Terrakottastatuette aus Athen, drittes Viertel 4. Jh. v. Chr.
1865.7–20.43 (C5), wahrscheinlich aus Athen. Höhe 14 cm
Higgins 1, Nr. 746, Taf. 98; Higgins, *Terracottas* Taf. 31a; MMC[3] AT 114

40 Junge Frau mit geneigtem Kopf (Lippen, Schuhe und Chiton rot, Himation blau), Terrakottastatuette aus Athen, drittes Viertel 4. Jh. v. Chr.
1907.5–20.79b, angeblich aus Olbia. Höhe 9 cm
Higgins 1, Nr. 745, Taf. 99; Pickard-Cambridge, *Festivals* Abb. 142; Bieber, *Theater* Abb. 161; MMC[3] AT 115

41 Sklave, auf einem Altar sitzend, rechte Hand am Kopf (Spuren von rot auf Gesicht, Bart, Händen und Füßen), Terrakottastatuette aus Athen, 330–310 v. Chr.
1879.3–6.5, aus Piräus (?). Höhe 13 cm
Pickard-Cambridge, *Festivals* Abb. 132; Higgins 1, Nr. 743, Taf. 98; Bieber, *Theater*[2] Abb. 148; MMC[3] AT 111d, Taf. Va

42 Kelchkrater aus Tarent in der Gnathia-Technik. Ein Sklave als Koch trägt einen Tisch mit einem Kuchen hinaus vor einen Tempel, dem Compiègne-Maler zugeschrieben, Mitte 4. Jh. v. Chr.
1856.12–26.112 (F 543), aus Fasano. Höhe 28,4 cm
CVA (1) Taf. 2 (38), 2; Bieber, *Theater*[2] Abb. 527; PhV[2] Nr. 178

43 Kantharidenkrater aus Tarent, Gnathia-Technik, mit der Maske eines alten Mannes, zwischen Weinranken hängend, dem Compiègne-Maler zugeschrieben, Mitte 4. Jh. v. Chr.
1856.12–26.113 (F 548), aus Fasano. Höhe 25 cm
CVA (1) Taf. 2 (38); PhV[2] Nr. 181; MMC[3] TV 5

44   Dionysos besucht einen Komödiendichter (vier Komödienmasken auf einer niedrigen Plattform), Marmorrelief, vielleicht frühes 1. Jh. n. Chr. nach einem früheren Original (2. Jh. v. Chr.?), einige Details restauriert
1805.7–3.123. 91,5 × 151 cm
Cat. Sculpture 3, Nr. 2190; Th. Schreiber, *Hellenistische Reliefbilder* (1894), Taf. 37; Picard, AJA 38, 1934, 140, Abb. 2; Handley, JHS 93, 1973, Taf. 2; B. Hundsalz, *Das dionysische Schmuckrelief* (München 1987) 148, K 24 (Abb.); MNC³ 3AS 4a

45   Miniaturmaske einer Hetäre mit Efeukranz (Spuren von rot auf Haar, von schwarz auf Augenbrauen und Wimpern), Terrakotta, frühes 3. Jh. v. Chr.
1856.8–26.243, aus Kalymnos. Höhe 9,1 cm
Walters, *Terracottas* 234 Nr. C 469; MNC³ 1 AT 75a

46   Kampanische Miniaturmaske eines alten Mannes aus der Komödie, Terrakotta, vielleicht spätes 3. Jh. v. Chr.
1873.8–20.565, aus Capua. Höhe 8,2 cm
Walters, *Terracottas* 308 Nr. D 62; MNC³ 1 AT 37h

47   Eros, die Maske eines Sklaven oder alten Mannes tragend, Anhänger eines Ohrrings, Gold, 325–250 v. Chr.
1856.12–26.1378. Höhe 1,8 cm
Marshall, *Jewellery* Nr. 1898, Taf. 32; MNC³ 1 DA 7

48   Schale mit eingedruckten Reliefs, auf dem Fries in der Mitte Masken alter Männer, mit Girlanden verbunden, Athen, um 200 v. Chr.
1927.7–14.2. Höhe 9 cm
MNC³ 2 AV 30a

49   Ausschreitende Frau, Terrakottaform aus Tarent (abgebildet ein moderner Abguß), um 300 v. Chr.
1887.7–25.7, aus Tarent. Höhe 13 cm
Walters, *Terracottas* 438, Nr. E 31; Bieber, *Theater²* Abb. 354; Pickard-Cambridge, *Festivals* Abb. 144; MNC³ 1 AT 24

50   Eröffnungsszene aus Menanders Komödie *Synaristosai* (*Die Frauen beim Frühstück*), Fußbodenmosaik, signiert von Dioskurides von Samos, spätes 2. Jh. v. Chr. nach einem etwa 300 v. Chr. angefertigten Original
Neapel 9987, aus Pompeji, sog. »Villa des Cicero«. Höhe 42 cm
Bieber, *Theater* Abb. 242, *Theater²* Abb. 347; Pickard-Cambridge, *Theatre of Dionysus* (Oxford 1946) Abb. 86;

IGD 145, V, 1, Farbtaf. gegenüber S. 8 (zusammen mit Kat.Nr. 51); MNC³ 3 DM 1

51   Szene aus Menanders *Synaristosai*, Fußboden-Mosaikfeld, Mytilene, nach der Mitte des 4. Jh.s n. Chr.
Mytilene, Haus des Menander. Höhe ca. 70 cm
S. Charitonides / L. Kahil / R. Ginouvès, *Les mosaïques de la Maison de Ménandre à Mytilène* (AntK Beih. 6, Basel 1970) Taf. 5, 1 (Farbtaf.); IGD V, 2, Farbtaf. gegenüber S. 8 (zusammen mit Kat.Nr. 50); MNC³ 6 DM 2.3

52   Alter Kuppler (*pornoboskos*), stehend mit Girlande in rechter Hand (Spuren von rot auf Gesicht, von blaßblau auf Mantel, gelb auf Chiton, weiß auf dem Bart), Terrakottastatuette, spätes 2. Jh. v. Chr.
1893.9–15.5, aus Myrina. Höhe 19,2 cm
Walters, *Terracottas* 242, C 520; MNC³ 3 DT 3b

53   Kampanisches, in einer Hohlform hergestelltes Gefäß mit der Gestalt eines auf einem Altar sitzenden Sklaven (Spuren von rot auf Gesicht und Sandalen, von blau auf dem Haarband, von braun auf den Haaren), spätes 2. Jh. v. Chr.
1873.10–20.2, aus Italien? Höhe 11,9 cm
Walters, *Terracottas* D 322, Taf. 34; Pickard-Cambridge, *Festivals* Abb. 130; Bieber, *Theater²* Abb. 411; BM Yearbook 1 (1976) 18, Nr. 10, Abb. 11–12, Taf. 1 (Farbtaf.); MNC³ 3 NV 6

54   Sitzender Sklave, eine Hand unter das Kinn haltend, Bronzestatuette, wahrscheinlich frühes 1. Jh. n. Chr.
1878.5–4.1. Höhe 11,2 cm
Walters, *Bronzes*, Nr. 1626; Bieber, *Theater* Abb. 210, *Theater²* Abb. 406; MNC³ 4 XB 9

55   Auf einem Altar sitzender Sklave (Beine von den Knien bis zu den Knöcheln ergänzt, ebenso der rechte Unterarm bis zum Handgelenk), Marmorstatuette
1805.7–3.45, aus Rom, Villa Fonsega (Celio). Höhe 62 cm
Cat. Sculpture 3, Nr. 1767; Bieber, *Theater* Abb. 232, *Theater²* Abb. 558; MNC³ 4 XS 4a (mit Literaturhinweisen)

56–57   Dionysos, Masken haltend. Athenische Silbertetradrachmen, herausgegeben von den Münzmeistern Timostratos und Poses im 10. und 11. Monat des Jahres (wahrscheinlich) 101 v. Chr.
M. Thompson, *The New Style Silver Coinage of Athens* (1961) Typus 830C; MNC³ 3 AC 1 und MTS² 111, AC 1

58   Römischer Silberdenar mit der stehenden Muse der Komödie (Thalia), welche die große Maske eines

Sklaven in ihrer rechten Hand hält. Aus einer Serie mit Musendarstellungen, herausgegeben von Pomponius Musa, 67 v. Chr.
E. A. Sydenham, *The Coinage of the Roman Republic* (London 1952) Nr. 821, Taf. 23; Webster, *Hell. Art* 58 f., Taf. 16; J. P. C. Kent, *Roman Coins* (1978) 269, Nr. 58, Taf. 16; MNC³ 3 RC 1

59   Römischer Silberdenar mit der stehenden Muse der Tragödie (Melpomene), welche Keule und Löwenfell trägt und die Maske des Herakles in ihrer linken Hand hält. Aus derselben Serie wie Kat. Nr. 58
E. A. Sydenham, *The Coinage of the Roman Republic* (London 1952) Nr. 816, Taf. 23; Webster, *Hell. Art* 58 f., Taf. 16; J. P. C. Kent, *Roman Coins* (1978) 269, Nr. 58, Taf. 16; MTS² 93, IC 1

60   Junge Frau, die eine Maske in der rechten Hand hält, Terrakottastatuette aus Böotien, wahrscheinlich Anfang 3. Jh. v. Chr.
1884.2–23.5, aus Tanagra (?). Höhe 21,2 cm
Walters, *Terracottas* 219, C 309; Pickard-Cambridge, *Festivals*² Abb. 133; Webster, *Hell. Art* 52, Taf. 13 (Farbabb.); R. Higgins, *Tanagra and the Figurines* (1987) 140, Abb. 168; MNC³ 1 BT 29

61–62   Das Theater von Orange, Mitte 1. Jh. n. Chr.
E. R. Fiechter, *Die baugeschichtliche Entwicklung des antiken Theaters* (München 1914) Abb. 78 (Quelle der abgebildeten Zeichnungen); D. S. Robertson, *Handbook of Greek and Roman Architecture* (Cambridge 1945) 279–282 (Vergleich mit Aspendos); E. Frézouls, *Aufstieg und Niedergang der römischen Welt*, 2, 12.1 (Berlin/New York 1982) 343–441 (zum allgemeinen Hintergrund); G. Bejor, *Athenaeum* 57, 1979, 126–138 (zur gesellschaftlichen und politischen Funktion der Theater in der frühen Kaiserzeit)
Eines der am besten erhaltenen römischen Theater; typisch römisch die umschlossene Form und das imposante Bühnenhaus (36×103 m); Statue des Augustus in der größten zentralen Nische; etwa 7000 Sitzplätze, teils an den Hügel gebaut, teils freistehend; das Theater war Teil eines umfangreichen Freizeitkomplexes

63   Gemme (Sarder) mit der Maske des Schmeichlers, vielleicht Mitte 1. Jh. v. Chr – Mitte 1. Jh. n. Chr.
1872.6–4.1204. 12×10 mm
Walters, *Gems* Nr. 2199; MNC³ 4 XJ 76a

64   Sardonyxkamee mit frontal stehendem alten Mann mit Krücke, wahrscheinlich frühe Kaiserzeit.

1872.6–4.1327. 22×15 mm
Walters, *Gems* Nr. 3630, Taf. 42; MNC³ 4 XJ 10g

65   Gemme (Onyx), dargestellt ein alter Mann mit Krücke in Auseinandersetzung mit einem Sklaven mit verschränkten Armen, rechte Hand am Kinn, vielleicht Mitte 1. Jh. v. Chr. – Mitte 1. Jh. n. Chr.
1867.5–7.613. 12×8 mm
Walters, *Gems* Nr. 2192, Taf. 27; Lippold Taf. 60, 4; MNC³ 4 XJ 3c

66   Gemme (Amethyst) mit auf einem Altar sitzendem Sklaven mit verschränkten Armen, vielleicht Mitte 1. Jh. v. Chr. – Mitte 1. Jh. n. Chr.
1867.5–7.612. 12×9 mm
Walters, *Gems* Nr. 2184, Taf. 27; MNC³ 4 XJ 30

67   Ein alter Sklave berichtet einem Paar; Wandmalerei mit Darstellung einer Komödienszene, drittes Viertel 1. Jh. n. Chr.
Pompeji I.6.11, Casa dei Quadretti Teatrali. 51×47,5 cm
Bieber, *Theater* Abb. 524, Theater² Abb. 395; Csapo, *Antike Kunst* 36, 1993, Taf. 11, 4; MNC³ 5 NP 5a
Gegenstand vielleicht Philemon, *Phasma*; vgl. Plautus, *Mostellaria* 348 ff.

68   Runder Marmorsockel mit Darstellung der neun Musen im Relief. Die sitzende, mit Kothurnen beschuhte tragische Muse (Melpomene) hält in der rechten Hand eine Maske mit langem, strähnigem Haar und Bart, hochgezogenen Augenbrauen und hohem Onkos, in der linken hält sie eine Schriftrolle; vielleicht um 120 v. Chr.
1868.4–5.159/1868.6–20.30, aus Halikarnassos. Höhe 82 cm
Cat. Sculpture 3, Nr. 1106; A. Trendelenburg, *Der Musenchor: Relief einer Marmorbasis aus Halikarnass (Berliner Winckelmannprogramm* 36, 1876); Webster, *Griechische Bühnenaltertümer* (Göttingen 1963) Taf. 4b; D. Pinkwart, *Antike Plastik* 6, 1967, 89–94, Taf. 53–57; Ridgway, *Hell. Sc.* 258, Abb. 32; MTS² ZS 1, Taf. 3b
Dieser Sockel trug einen metallenen Gegenstand von unbekannter Form. Die Musen auf diesem Objekt wurden häufig mit jenen des Archelaos-Reliefs aus Bovillae in Mittelitalien verglichen, das sich ebenfalls im Besitz des Britischen Museums befindet: *Cat. Sculpture* 3, Nr. 2191; C. Watzinger, *Das Relief von Archelaos von Priene* (63. BWPr, 1903); D. Pinkwart, *Antike Plastik* 4, 1965, 55–65, Taf. 28–35; Ridgway, *Hell. Sc.* Taf. 133. Es stammt aus dem späten 3. oder 2. Jh. v. Chr. Auch auf diesem Relief besitzt Melpomene Kothurne und trägt eine Maske mit hohem Onkos

69   Marmorrelief mit Maske eines jungen Mannes, darunter Schwert und Draperie, vielleicht 1. Jh. n. Chr.
1805.7–3.146. Höhe 18 cm
Cat. Sculpture 3, 2450, Abb. 57; MTS² IS 2

70   Nordafrikanische Tonlampe mit zwei tragischen Masken in einem Rahmen: kraushaariger, bärtiger Mann mit Onkos; bartlose Maske mit hohem Onkos aus ährenartigen, vertikalen Flechten; ca. 175–250 n. Chr.
1836.2–24.466. Länge 9,1 cm
Walters, *Lamps* 760, Abb. 140; D. M. Bailey, *A Catalogue of the Lamps in the British Museum* 3 (London 1988) Nr. Q 1716, Taf. 15; MTS² FL 1, Taf. 6b

71   Wandgemälde mit einer Szene, laut Inschrift aus dem *Orestes* des Euripides, spätes 2. Jh. n. Chr.
Ephesos, Hanghaus 2. Höhe ca. 40 cm
V. M. Strocka, *Die Wandmalereien der Hanghäuser in Ephesos* (Forschungen in Ephesos VIII.1, Wien 1977) 48 Nr. 65 (Abb.)

72   Zusammengehörige Glasplättchen (Einlegearbeit) mit Komödienmaske eines alten Mannes, spätes 1. oder 2. Jh. n. Chr.
1897.5–11.112 (29396). Höhe 2,8 cm
D. B. Harden [u. a.], *Masterpieces of Glass* (1968) 26, Nr. 22; MNC³ 4 EG 1b

73   Dekorative Wandfüllung mit Komödienmaske eines Sklaven, aus einer Dreiergruppe in Bogenumrahmung, Terrakotta, Mittelitalien, vielleicht erste Hälfte 1. Jh. n. Chr.
1805.7–3.431, aus Italien. Höhe ca. 10 cm
Walters, *Terracottas* 414, D 658; MNC³ 4 RT 13b

74   Norditalienische Tonlampe mit Herstellerstempel FORTIS: Tragödienmaske, letztes Viertel 1. Jh. n. Chr.
1856.7–1.337. Länge 10,9 cm
D. M. Bailey, *A Catalogue of the Lamps in the British Museum* 2 (London 1980) Nr. Q 1164 PRB, Taf. 51

75   Norditalienische Tonlampe mit Komödienmaske eines Sklaven, spätes 1. – frühes 2. Jh. n. Chr.
1814.7–4.178. Länge 10,2 cm
D. M. Bailey, *A Catalogue of the Lamps in the British Museum* 2 (London 1980) Nr. Q 1169, Taf. 52 und 96; MNC³ 5 RL 23a

76   Sarkophag mit Musendarstellung. Muse der Tragödie mit Heraklesmaske (gelocktes Haar über niedrigem Onkos, geschwungene Brauen, Sklavenmund), Muse der Komödie mit Maske eines Sklaven oder alten Mannes, Marmor aus Prokonnesos, spätes 3. Jh. n. Chr.
1805.7–3.120, aus der Villa Montalto, Rom. Höhe 72,5 cm
Cat. Sculpture 3, 316 Nr. 2305; S. Walker, *Catalogue of Roman Sarcophagi* (London 1990) Nr. 24, Taf. 9 (mit Literaturhinweisen); MTS² IS 35; MNC³ 6 RS 25c
Wahrscheinlich roh behauen importiert und in Rom fertiggestellt

77   Silberkästchen mit Darstellung der neun Musen in architektonisch gestalteten Nischen, spätes 4. Jh. n. Chr.
(Medieval & Later Antiquities) 1866.12–29.2, aus Rom (Esquilin). Höhe 26,7 cm
O. M. Dalton, *Catalogue of Early Christian Antiquities* (London 1901) 64 ff., Nr. 305, Taf. 19; K. J. Shelton, *The Esquiline Treasure* (London 1981) 75 ff., Nr. 2, Taf. 15; MNC³ 6 RA 1

78   Lebensgroßes Bronzeporträt des Sophokles.
1760.9–19.1, früher in der Sammlung des Earl of Arundel (Anfang 17. Jh. in Konstantinopel erworben). Höhe 34,8 cm
Walters, *Bronzes* Nr. 847; G. M. A. Richter, *The Portraits of the Greeks* 1 (London 1965) 131, Typus IV.1, Abb. 708–710

79   Papyrus mit Text aus Sophokles' Satyrspiel *Ichneutai*, 2. Jh. n. Chr.
British Library, Papyrus 2068
POxy 9.1174 (Hunt); Pack² 1473; Turner, *Greek Manuscripts of the Ancient World*² (London 1987) Nr. 34

80   Manuskript der *Hekuba* des Euripides, Vers 1–9, mit Interlinearversion und Kommentar, frühes 16. Jh.
British Library, Harley 5725, folio 141, recto
A. Turyn, *The Byzantine Manuscript Tradition of the Tragedies of Euripides* (Urbana 1957) 208 ff. und Taf. XXI (»geschrieben wahrscheinlich von Andreas Donus«)

81   Richard Porson (1759–1808). Stich von C. Turner nach einem Gemälde von T. Kirby im Besitz von Revd. Dr. E. D. Clark [heute in Trinity College, Cambridge], Trinity College, Cambridge
Veröffentlicht am 1. Oktober 1812 von R. Harraden & Son, Cambridge [hier nach einem Abdruck aus dem Besitz des Trinity College reproduziert; mit Genehmigung der Universität]
C. O. Brink, *English Classical Scholarship* (Cambridge 1986) 99–113; Denys Page, »Richard Porson (1759–1808)«, *Proceedings of the British Academy* 45, 1959, 221–236

Literaturhinweise

Eine Bibliographie zu diesem Thema kann nur eine schmale Auswahl bieten; der unten angeführte Überblick von Green (*Lustrum* 31, 1989) verzeichnet allein für die Jahre 1971–86 670 Publikationen, und der in Vorbereitung befindliche Nachfolgeband belegt, daß sich das Tempo der Neuerscheinungen in den letzten Jahren gewiß nicht vermindert hat. Dem englischsprachigen Leser empfehlen wir zur Einführung das Buch von Simon oder Websters *Greek Theatre Production* (das allerdings teilweise veraltet ist), sowie den Artikel von Gould. Die drei Titel von Pickard-Cambridge sind auf ihrem jeweiligen Gebiet nach wie vor die einschlägigen Standardwerke; Bieber bietet mit 870 Illustrationen immer noch die umfassendste Materialdarstellung, ist aber mit Vorsicht zu benutzen. Besonders empfehlen möchten wir den Essayband von Knox und die von Winkler und Zeitlin, Sommerstein u. a. sowie von Scodel herausgegebenen Aufsatzsammlungen. Spezielle Literaturhinweise zu einzelnen Objekten finden sich im Werkkatalog.

Allroggen-Bedel, Agnes: Maskendarstellungen in der römisch-kampanischen Wandmalerei. München 1974.

Bieber, Margarete: Die Denkmäler zum Theaterwesen im Altertum. Berlin 1920.

– The History of the Greek and Roman Theater. Princeton ²1961.

Blänsdorf, Jürgen (Hrsg.): Theater und Gesellschaft im Imperium Romanum. Tübingen 1990.

Blume, Horst D.: Einführung in das antike Theaterwesen. Darmstadt ²1984.

Bulle, Heinrich / Wiping, H.: Szenenbilder zum griechischen Theater des 5. Jahrhunderts vor Christus. Berlin 1950.

Connor, Walter Robert: City Dionysia and Athenian Democracy. In: Classica et Mediaevalia 40 (1989) S. 7–32.

Csapo, E. / Slater, William J.: The Context of Greek Theater. Ann Arbor 1994.

Dearden, Christopher William: The Stage of Aristophanes. London 1976.

Dieterich, Albrecht: Pulcinella. Pompeianische Wandbilder und römische Satyrspiele. Leipzig 1897.

Duckworth, George Eckel: The Nature of Roman Comedy. Princeton 1952. Bristol ²1994 [mit Vorw. und Bibl. von Richard Hunter].

Else, Gerald F.: The Origins and Early Form of Greek Tragedy. Cambridge, Mass., 1965.

Fantham, Elaine: Roman Experience of Menander in the Late Republic and Early Empire. In: Transactions & Proceedings of the American Philological Association 114 (1984) S. 299–310.

Gentili, Bruno: Theatrical Performances in the Ancient World: Hellenistic and Early Roman Theatre. London 1979.

Gould, John: Greek Tragedy in Performance. In: Cambridge History of Classical Literature 1 (1985) S. 263–281.

Green, John R.: A Representation of the *Birds* of Aristophanes. In: Greek Vases in the J. Paul Getty Museum 2 (1985) S. 95–118.

– Greek Theatre Production, 1971–1986. In: Lustrum 31 (1989) S. 7–95, 273–278.

– On Seeing and Depicting the Theatre in Classical Athens. In: GRBS 32 (1991) S. 15–50.

– Theatre in Greek Society. London 1994.

Handley, Eric W.: The Conventions of the Comic Stage and their Exploitation by Menander. In: Ménandre. Hrsg. von Eric G. Turner. Vandoeuvres/Genf 1970. S. 1–42.

– Plautus and his Public: Some Thoughts on New Comedy in Latin. In: Dionisio 46 (1975) S. 117–132.

– Comedy. From Aristophanes to Menander. In: Cambridge History of Classical Literature 1 (1985) S. 398–414.

– Aristophanes and his Theatre. In: Aristophane. Hrsg. von J. M. Bremer und Eric W. Handley. Vandoeuvres/Genf 1993. S. 97–123.

Hunningher, Benjamin: Acoustics and Acting in the Theatre of Dionysus Eleuthereus. In: Mededelingen der Koninklijke Nederlandse Akademie van Wetenschappen, Afd. Letterkunde, N.R., 19, 9 (1956).

Kenner, Hedwig: Das Theater und der Realismus in der griechischen Kunst. Wien 1954.

Kindermann, Heinz: Das Theaterpublikum der Antike. Salzburg 1979.

Knox, Bernard: Word and Action. Essays in the Ancient Theatre. Baltimore 1979.

Melchinger, Siegfried: Das Theater der Tragödie. Aischylos, Sophokles, Euripides auf der Bühne ihrer Zeit. München 1974.

Neiiendam, K.: The Art of Acting in Antiquity. Kopenhagen 1992.

Pickard-Cambridge, Arthur Wallace: The Theatre of Dionysus in Athens. Oxford 1946.

– Dithyramb, Tragedy and Comedy. 2., rev. Aufl. von T. B. L. Webster. Oxford 1962.

– The Dramatic Festivals of Athens. 2., rev. Aufl. von J. Gould und D. M. Lewis. Oxford 1968. Neue verb. Ausg. mit Supplement. Oxford 1988.

Rawson, Elizabeth: Theatrical Life in Republican Rome and Italy. In: Papers of the British School at Rome 53 (1985) S. 97–113.

Rehm, R.: Greek Tragic Theatre. London/New York 1992.

Russo, Carlo Ferdinando: Aristophanes. An Author for the Stage. London 1994.

Scodel, Ruth (Hrsg.): Theater and Society in the Classical World. Ann Arbor 1993.

Seeberg, Axel: Corinthian Komos Vases. London 1971.

Sifakis, Gregory Michael: Studies in the History of Hellenistic Drama. London 1967.

– Parabasis and Animal Choruses. London 1971.

Simon, Erika: Das antike Theater. Freiburg ²1981.

Sommerstein, Alan Herbert [u. a.] (Hrsg.): Tragedy, Comedy and the Polis. Papers from the Greek Drama Conference, Nottingham, 18–20 July 1990. Bari 1993.

Taplin, Oliver: The Stagecraft of Aeschylus. Observations on the Dramatic Use of Exits & Entrances. Oxford 1977.

– Comic Angels and Other Approaches to Greek Drama through Vase-Paintings. Oxford 1993.

Trendall, Arthur D. / Webster, Thomas B. L.: Illustrations of Greek Drama. London 1971.

Walcot, Peter: Greek Drama in its Theatrical and Social Context. Cardiff 1976.

Webster, Thomas Bertram Lonsdale: Monuments Illustrating Tragedy and Satyr Play. London 1967.

– The Greek Chorus. London 1970.

– Greek Theatre Production. London ²1970.

– Studies in Later Greek Comedy. Manchester ²1970.

– An Introduction to Menander. Manchester 1974.

Wiles, David: The Masks of Menander. Sign and Meaning in Greek and Roman Performances. Cambridge 1991.

Winkler, J. J. / Zeitlin, F. I. (Hrsg.): Nothing to Do with Dionysos? Athenian Drama in its Social Context. Princeton 1990.

Wurster, Wolfgang W.: Die Architektur des griechischen Theaters. In: Antike Welt 24 (1993).

Register der im Text genannten antiken Autoren und Werke